AF419200

Astromedicina
Salud Mental y Emocional

Astromedicina
Salud Mental y Emocional

Tito Maciá

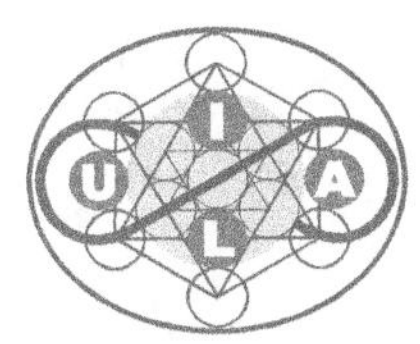

Universidad Internacional
Latinoamericana de Astrología

Primera edición, 2024
Astromedicina
Salud Mental y Emocional

D.R. © Tito Maciá
        Domicilio: Día 2688 Jardines del Bosque
        Guadalajara, Jalisco. México
        C.P. 44520
        Contacto: astroeditorialuila@gmail.com

Coordinación editorial: Dinorah Ramos
Revisión de contenido editorial: Isabel Castañón Zamora
Corrección: Susana Navarro / Grafisma
Diagramación y diseño de portada: Postof

ISBN: 979-8-3303-4111-5

Índice

Prólogo

Del arte de curar, del arte de la interpretación astrológica, del ser humano y sus confusiones y dificultades emocionales, mentales y espirituales, hay mucho de estudio. En la antigüedad, los médicos tenían un conocimiento completo, estos doctores eran considerados los sacerdotes del alma y del cuerpo. Ante esto, ¿qué propuestas tiene la astrología?, una de ellas es este libro que Tito Maciá pone sobre la mesa: *Astromedicina. Salud Mental y Emocional*, es un libro único en su especie en donde el autor muestra un cúmulo de conocimientos ancestrales, y va hilvanando como un tejedor del tiempo, símbolos astrológicos haciendo de ellos un arte, el arte de interpretar. El libro muestra a un gran maestro, capaz de ver a la Astrología como parte de la naturaleza humana dentro de un universo creador.

El análisis que Tito hace del cuerpo físico y sus distintas predisposiciones de salud mental y emocional, en donde nos muestra, enseña y brinda los instrumentos básicos, para encontrar respuestas a un diagnóstico certero.

Muchas veces descuidamos el soporte físico y energético que sostiene al ser humano. Este trabajo, no sólo permite, sino que brinda los medios necesarios de una adecuada orientación terapéutica, que nos lleva por ejemplo, al conocimiento en el que la Luna tiene una relevancia en los trastornos mentales, es así que Tito nos habla del análisis de la Luna y Mercurio como responsables de estos padecimientos del alma y la mente, por supuesto junto con planetas patógenos.

En su lectura también encontramos temas como Los Partes Arábigos. Los Partes Arábigos dice: "regulan la circulación de los movimientos astrológicos y guían a las personas para aumentar su seguridad y prevenirles de variadas alteraciones que pueden sobrevenirles".

Cuando habla del Sol y Venus como tiempos de generosidad y compasión, o cuando habla de la desesperanza y la esperanza de Júpiter y Urano, o los celos y la ira de Marte y Plutón, Tito nos hace entender que la astrología aporta mucho más ya que el conocimiento que aporta en el campo de la salud mental y emocional transformará la manera de explorar al paciente.

Este libro rescata el antiguo conocimiento de la astrología medieval, más las aportaciones y ejemplos de casos reales que da Tito en este libro, lo hacen una obra de arte en el conocimiento astrológico de la salud mental y emocional.

Dinorah Ramos Levy

Introducción

Preservar la salud mental. Astromedicina preventiva

La astrología es la ciencia humana más antigua de todas, por más que les pese a nuestros detractores. Una ciencia maravillosa que engloba la observación y análisis de la totalidad de las experiencias de la vida de los seres humanos. Entre ellas los asuntos relacionados con la salud, y en especial de la salud mental

En la antigüedad no se entendía que una persona fuera médico sin conocimiento de astrología, hoy día es al revés, la astrología es vista con desprecio y aversión. Desde esa marginación social, poco se puede hacer, salvo conservar el conocimiento ancestral. Ese es el motivo de este trabajo, cuya función es tratar de ayudar en la penosa labor de auxiliar a las personas que padecen algún tipo de trastorno mental o enfermedad neurológica o espiritual.

Para ello voy a partir del conocimiento atávico que llega a nuestras manos a través del libro *Conplido* de Aly Ben Ragel, que a su vez es un compendio de todo el conocimiento antiguo sobre el tema de la salud mental y la astrología.

En el libro quinto, capítulo 1, titulado la Casa VI y sus significados, Ben Ragel trata ampliamente este tema de las enfermedades mentales.

"Dijo Allí, hijo de Aben Ragel: En primer lugar queremos comenzar este capítulo tratando sobre las perturbaciones y accidentes que acaecen en el espíritu, es decir, las enfermedades del espíritu".

Conviene saber que en la antigüedad se consideraba enfermedades del espíritu a todo tipo de alteración o trastorno de la salud mental.

"Conocerás las perturbaciones y accidentes del espíritu a través de Mercurio y de su estado con respecto a la Luna y las relaciones de

ésta con Mercurio, y a través del estado de ambos con respecto a los ángulos y con los planetas que tienen naturaleza y característica para infortunar.".

Luna y Mercurio, esa es la clave de las perturbaciones de la salud mental. Además los malos aspectos entre la Luna y Mercurio en las Casas VI o XII, señalan enfermedades que pueden cursar en modo neumonía.

Capítulo I

Trastornos de la salud y la relación entre la Luna y Mercurio

Las perturbaciones o accidentes que afectan a la salud mental, según Ben Ragel y tal como demuestra la experiencia, se observan analizando la relación existente entre la Luna y Mercurio, el alma y la mente. La combinación Luna-Mercurio, sus estados, y los aspectos que forman con otros planetas son la clave que nos permite conocer el estado del espíritu y la salud mental resultante.

En la gran mayoría de las alteraciones de la salud mental están presentes estos dos cuerpos astrológicos o al menos uno de ellos, Luna o Mercurio, combinándose con otros planetas patógenos, es decir planetas ubicados o rigiendo las Casas de enfermedad o que estén mal dispuestos por malos aspectos.

La percepción astrológica de las enfermedades reconoce la unidad entre la mente y el cuerpo y la interacción entre ambos elementos. De manera semejante se expresa el Dr. Edward Bach quien dice que: "La enfermedad no es material en su origen, sino el resultado de un conflicto entre el alma y la mente. Mientras el Alma y la personalidad están en buena armonía, todo es paz, alegría, felicidad y salud. Pero cuando la personalidad se desvía del camino trazado por el Alma, por nuestros deseos mundanos o por la persuasión de otros, surge el conflicto que es la raíz y causa de la enfermedad."

La Luna se manifiesta como las pulsiones del ser vivo que llevamos dentro (Alma) que tratan de percibir, de "sentir" la vida. El primer camino a través del cual intentarán fluir estas pulsiones es el principio del placer, ya sea a través de la alimentación, la temperatura adecuada, la sensación de protección, el cubrir cualquier tipo de necesidad o bien a través de su relación con el mundo circundante.

Si no logra cubrir sus objetivos, porque no satisface sus necesidades o no puede o no sabe como relacionarse con su entorno inmediato, tenderá a tomar otro camino que igualmente sea percibir o "sentir", aunque sea dolor, amargura, sufrimiento, temor o intranquilidad.

Si las pulsiones lunares no logran este primer objetivo, tratarán de fluir a través de la comunicación, como hace el niño cuando tiene hambre o sed, entonces pide comida o agua, es decir, se comunica para tratar de satisfacer sus necesidades.

Por eso, el objetivo siguiente se dirige hacia la comunicación con el entorno, aquí entra en juego la relación entre la Luna y Mercurio, sentimientos y la capacidad de intercambio y de comunicación con el medio. Cuando estas pulsiones fluyen con naturalidad, lo normal es que nos hallemos en buen estado de salud mental. El flujo de estas energías es muy importante en el origen y posterior desarrollo de todas las enfermedades y los trastornos mentales.

La Luna y sus aspectos con Mercurio, junto a Urano y los planetas presentes o regentes de las Casas VI o XII, y también la Casa VIII, son los puntos astrológicos generales más importantes a la hora de analizar las posibles alteraciones o crisis en el estado de la salud mental de una persona.

Esa trilogía planetaria esconde toda la información sobre el desarrollo de los desequilibrios psicológicos, los trastornos mentales y las enfermedades cerebrales.

Cuando la Luna forma aspectos de oposición, semicuadratura o sesquicuadratura con Mercurio, aumentan las posibilidades de que en algún momento de la vida se experimenten trastornos de la salud mental. Y si interviene el planeta Urano en ese tipo de configuración, entonces se refleja un riesgo de padecimiento de enfermedades neurológicas, y más aún si éstos planetas están relacionados con las Casa VI, VIII o XII.

Llegado a este punto conviene recordar que la Luna, desde la observación astrológica, está relacionada con la alimentación y con el aparato digestivo en su totalidad, mientras que el planeta Mercurio deja notar su influencia en los intestinos.

Luna y Mercurio forma el "cerebro primigenio" y hoy día, ya entrados en siglo XXI, se sabe que existe una relación directa entre el aparato digestivo y en especial los intestinos, con el estado de la salud mental y las alteraciones psíquicas de todo tipo.

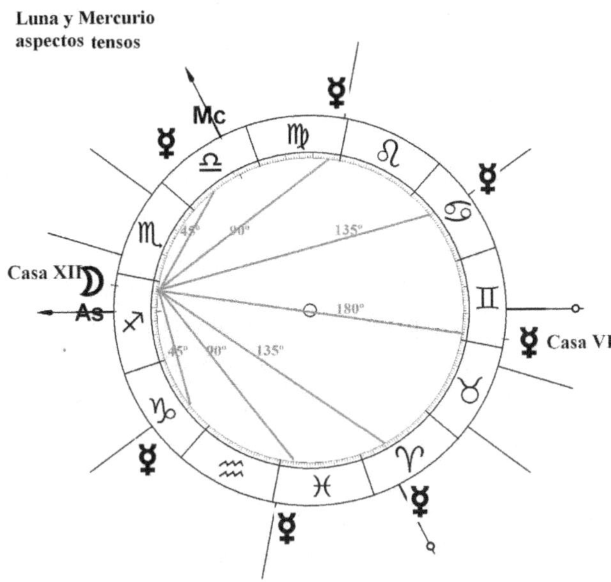

Luna y Mercurio en semicuadratura 45°

La semicuadratura es un aspecto astrológico que se deja notar a través de los aumentos de secreción de adrenalina, y eso es algo que siempre provoca alteraciones del estado de ánimo y por extensión de la salud mental y su trasladación a la salud física, cuando la Luna o Mercurio se ubican en Casas de enfermedad.

Pienso que la mejor manera de explicar este tipo de alteraciones de la salud mental que se pueden trasladar al físico es a través de algún ejemplo de persona conocida por todos o casi todos.

Casos de estudio, con la Luna en semicuadratura (45°) con Mercurio

El caso de **Eduard Bach** nos puede servir como ejemplo; Bach fue un médico inglés nacido en 1886. Se destacó en diversos campos de la medicina, incluyendo la bacteriología, la patología y la homeopatía. Sin embargo, su mayor legado reside en el desarrollo de la terapia floral de Bach, un sistema alternativo de medicina que utiliza esencias florales para tratar emociones negativas y promover el bienestar.

Experimentó ansiedad y depresión

Este médico inglés desde muy joven padecía una enfermedad intestinal, reflejándose la mala influencia de la semicuadratura de la Luna con

Mercurio en la Casa XII. Mercurio son los intestinos. Este tema de la enfermedad ha podido confundir a los astrólogos sajones de que tiene su carta natal como Ascendente en Piscis.

Bach tenía a Mercurio en la Casa XII que es el escenario de las enfermedades congénitas, crónicas o degenerativas. Y está formando la fatídica semicuadratura con la Luna, que unido a que el Sol está en "asedio" entre Mercurio y Urano, de ahí le viene la mayor parte de su "trastorno" mental que le permitía observar la realidad de un modo diferente.

Eduard Bach era una excelentísima persona, un doctor muy inteligente, culto y compasivo, pero tenía un trastorno del copón, que diría un murciano. Discúlpenme que lo diga así, porque si plagian el texto, al menos que cambien alguna frase.

Tener un trastorno mental, no es nada peyorativo, media humanidad tiene algún tipo de trastorno mental o padecen un "brote" de enajenación en algún momento de su vida, unos tienen un trastorno mental más claro y notable y otros de tipo más leve e inadvertido.

En ningún caso, cuando me refiero a un trastorno mental, pienso que no está mermada la capacidad cognitiva ni la inteligencia de la persona que lo padece. Es más, un trastorno mental como la hipermnesia, que es una hiperactividad de la memoria y que les permite recordar una cantidad asombrosa de detalles del pasado, se puede decir que incrementa el talento de la persona. Ese trastorno mental aumenta la capacidad de recordar hasta el último detalle de los acontecimientos vividos personalmente a lo largo de su vida, así como los acontecimientos públicos, sin esfuerzo alguno. Ese es un trastorno típico de quienes tienen a la Luna en oposición con Mercurio.

Por otro lado, para que la influencia de la semicuadratura entre la Luna y Mercurio sea "patógena", alguno de estos dos planetas ha de estar ubicado en una de las Casa de enfermedad, como es la **Casa XII y la Casa VI.**

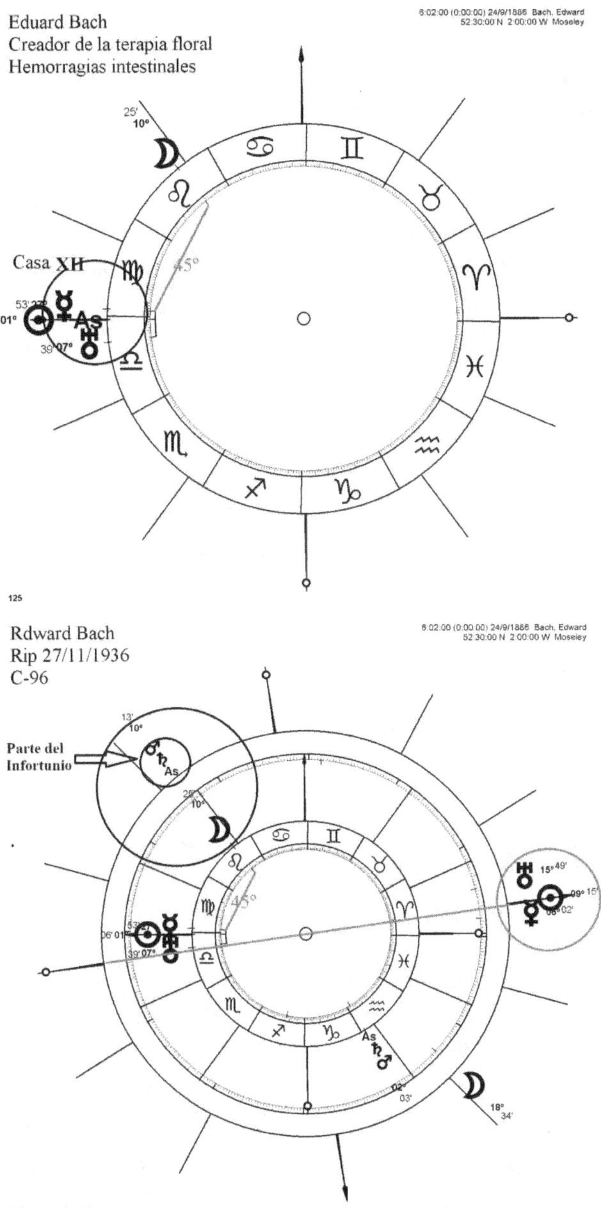

El día de su muerte, **Edward Bach**, al poner en hora el reloj del ciclo de 96 años, el reloj de las muertes personales, el atacir del Parte arábigo del infortunio llegaba al lugar de la Luna, al mismo tiempo que el atacir del Sol formaba oposición con el planeta Urano, entonces el tema de las enfermedades pasó a un segundo plano.

Casos de estudio, con la Luna en sesquicuadratura (135°) con Mercurio

Vincent van Gogh (1853-1890), fue un pintor neerlandés, uno de los principales exponentes del postimpresionismo.

La vida de Van Gogh estuvo marcada por la pobreza, la enfermedad mental y la soledad. Sufría de episodios de depresión, ansiedad y trastorno bipolar, además con rasgos de trastorno de personalidad límite, pasó varios periodos en internados psiquiátricos. Nunca abandonó su pasión por la pintura. Su obra más reconocida fue producida durante sus últimos años de vida, cuando su enfermedad mental era más severa.

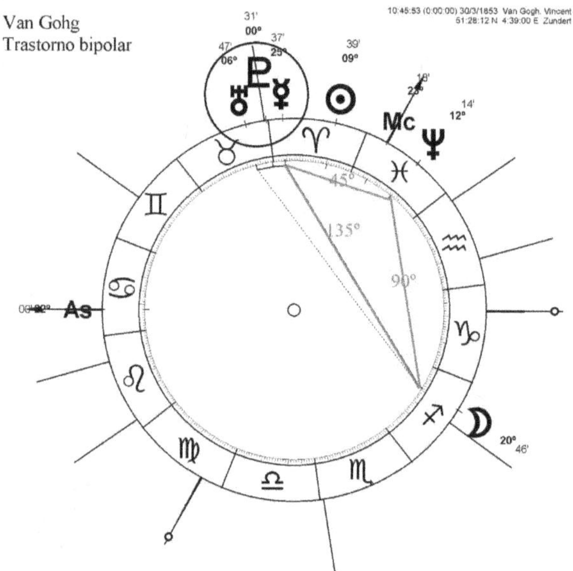

Van Gogh tenía a la Luna en la Casa VI formando sesquicuadratura con Mercurio. Esta combinación se vuelve patógena por estar la Luna en la casa de las enfermedades mentales. Además Mercurio forma conjunción aplicativa con Plutón, el planeta de las obsesiones que a su vez hace de puente con Urano que es el planeta de los trastornos mentales. Van Gogh presentaba varios problemas psiquiátricos: trastornos de la personalidad, trastorno bipolar con episodios de depresión e hipomanía, epilepsia y también esquizofrenia paranoica. De ese modo se escenificó la influencia de la sesquicuadratura de la Luna a Mercurio, desde la Casa de las enfermedades mentales. Falleció mientras dormía, a consecuencia de una embolia pulmonar causada por un accidente.

"Me invade una sensación de soledad tan horrible que me da miedo salir"

William Blake (1757-1827), fue un poeta, pintor y grabador inglés, considerado una de las figuras más importantes del Romanticismo. Su obra no fue reconocida en gran medida durante su vida, pero hoy en día es admirado por su originalidad, su visión profética y su profunda exploración de temas como la religión, la espiritualidad, la imaginación y la condición humana. Padecía de lo que se llamó alucinaciones místicas y esquizofrenia.

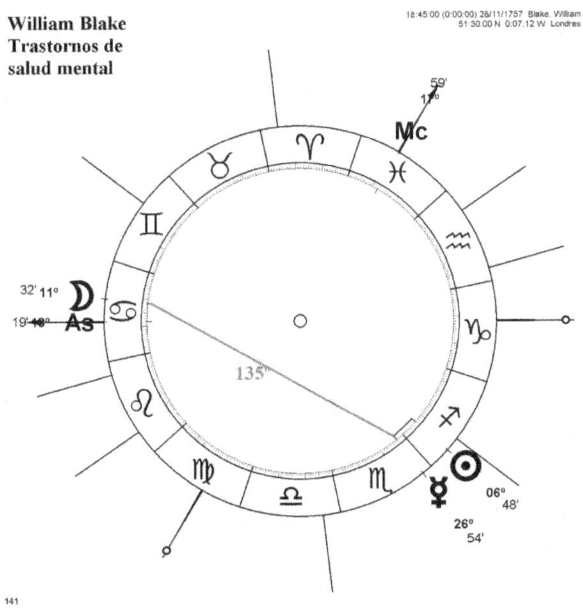

Fue considerado un loco por sus contemporáneos de la Inglaterra de los siglos XVIII y XIX, y murió en penuria y en gran parte no reconocido.

Esos problemas mentales surgieron alrededor del año 1800. "Fue solo un período en su vida y se puede ver que al final de ella pudo superarlos, con la ayuda de su esposa, y alcanzó un estado de mucha felicidad".

Ernest Hemingway, (1899-1961) fue un escritor y periodista estadounidense, considerado uno de los novelistas y cuentistas más importantes del siglo XX. Su estilo sobrio y directo, conocido como teoría del iceberg, y sus historias sobre la guerra, el amor, la pérdida y la naturaleza lo convirtieron en un ícono de la generación perdida y en una figura influyente en la literatura mundial. Sufrió de depresión y psicosis.

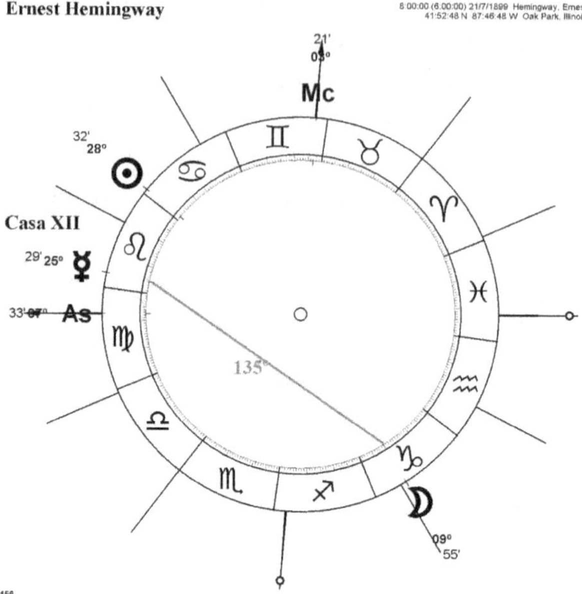

Ernest Hemingway tenía a Mercurio en la Casa XII formando sesquicuadratura con la Luna y acabó con su vida de un tiro en la cabeza.

El escritor tuvo severos problemas mentales, pero nunca se supo un diagnóstico en específico sobre el problema que tenía. Algunos dicen que padecía trastorno bipolar otros hablan sobre un traumatismo cerebral o incluso narcisismo.

Brigitte Bardot, nació en París, Francia, el 28 de septiembre de 1934 es una figura icónica que ha dejado su huella en el mundo del cine por sus actuaciones en las décadas de 1950 y 1960, En 1973, a la edad de 39 años, Bardot decidió retirarse del cine para dedicarse a la defensa de los animales y en la lucha por los derechos de los animales. Intentó suicidarse varias veces.

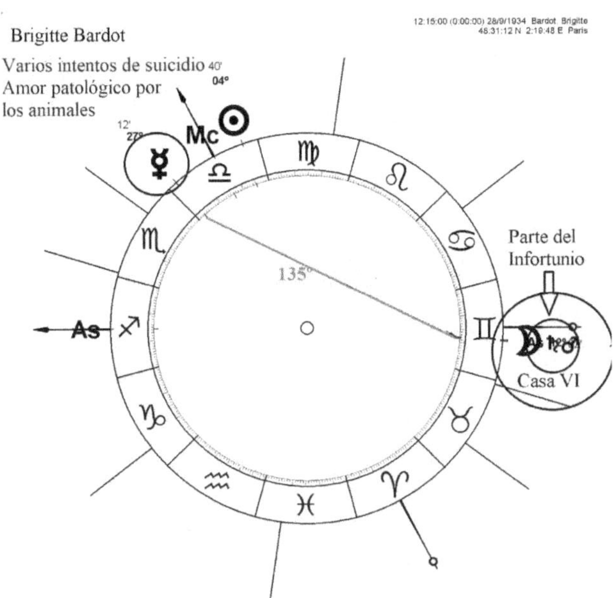

Brigitte Bardot tenía a la Luna en la Casa VI formando sesquicuadratura con Mercurio.

Nerón, fue el quinto emperador romano y el último de la dinastía Julio-Claudia. Reinó desde el año 54 d.C. hasta su muerte en el 68 d.C. conocido por su extravagancia y su pasión por las artes, especialmente la música y la actuación. Se dice que era un actor y músico talentoso, pero también era arrogante y egocéntrico. Dedicaba grandes sumas de dinero a fiestas y espectáculos, lo que provocó el descontento del pueblo romano. Nerón persiguió a los cristianos, culpándolos del Gran Incendio de Roma. Bajo su mandato, miles de cristianos fueron torturados y ejecutados. Nerón hizo asesinar a su madre Agripina la Menor.

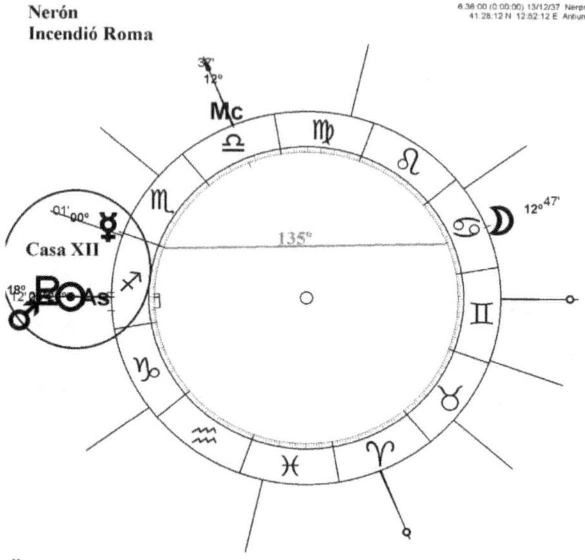

Nerón ordenó también asesinar a San Pedro y San Pablo, castró amantes, decapitó esposas y otras muchas atrocidades. Sufría el síndrome de Borderline, un trastorno límite de la personalidad (TLP) con una inestabilidad generalizada del estado de ánimo, de la propia imagen y de la conducta.

Robert Walker, nació en 1918, fue un actor estadounidense que protagonizó varias películas populares de la década de 1940 y principios de la de 1950. Conocido por su atractivo físico y su intensidad emocional en la pantalla, Walker interpretó una variedad de papeles, desde héroes románticos hasta villanos atormentados. Se casó tres veces y tuvo dos hijos. Sufría de trastorno ansioso/depresivo y adicción al alcohol, lo que afectó negativamente su carrera. El 28 de agosto de 1951, Walker fue encontrado muerto en su casa de Hollywood a la edad de 32 años. La causa oficial de muerte fue una sobredosis de barbitúricos, pero se especuló que pudo haber sido un suicidio.

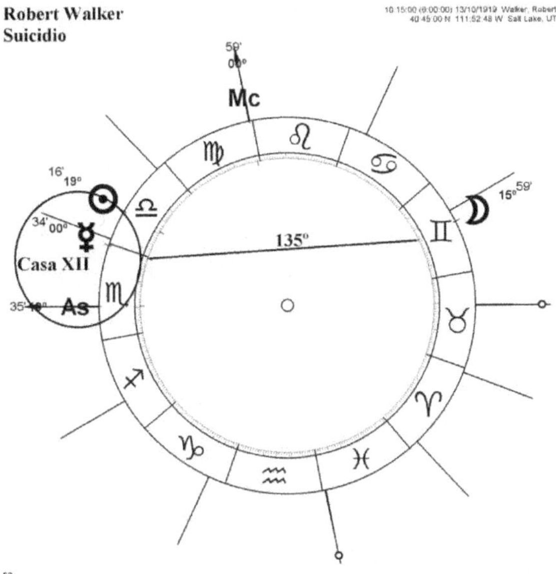

En la noche del 28 de agosto de 1951, el ama de llaves de Walker supuestamente encontró al actor en un estado emocional de ansiedad. Llamó al psiquiatra de Walker que llegó y le administró amobarbital para la sedación. Al parecer, Walker había estado bebiendo antes del arrebato descontrolado, y se cree que la combinación de amobarbital y alcohol hizo que perdiera el conocimiento y dejara de respirar. Los esfuerzos para reanimar a Walker fracasaron. La pérdida de un joven actor de Hollywood tan prometedor se lamentó ampliamente.

Casos de estudio, con la Luna en cuadratura (90°) con Mercurio. Casas VI y XII

Oscar Wilde nació en Irlanda, Reino Unido, el 16 de octubre de 1854 fue escritor, poeta y dramaturgo. Wilde es considerado uno de los dramaturgos más destacados del Londres victoriano tardío. Además, fue una celebridad de la época debido a su gran y agudo ingenio. Hoy en día, es recordado por sus epigramas, sus cuentos, sus obras de teatro, su única novela, *El retrato de Dorian Gray*, y la tragedia de su encarcelamiento, seguida de su muerte prematura.

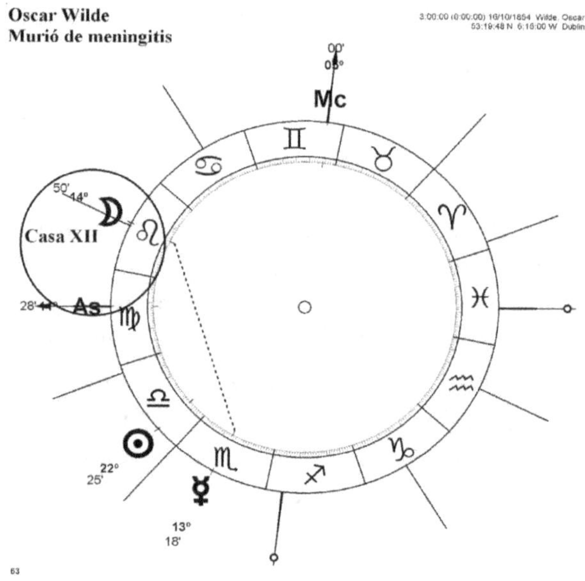

Richard Burton nació en 1925 en Gales en una familia numerosa de mineros galeses, Burton tuvo una infancia humilde, gracias a su talento para la actuación y la literatura, ganó una beca para estudiar en la Universidad de Oxford. Allí se destacó en el teatro universitario y adoptó el nombre artístico de Richard Burton, recordado por su poderosa voz, su presencia imponente y su talento para interpretar papeles dramáticos complejos. Su vida personal turbulenta y su lucha contra el alcoholismo ensombrecieron en ocasiones sus logros profesionales. Falleció en 1984 a la edad de 58 años

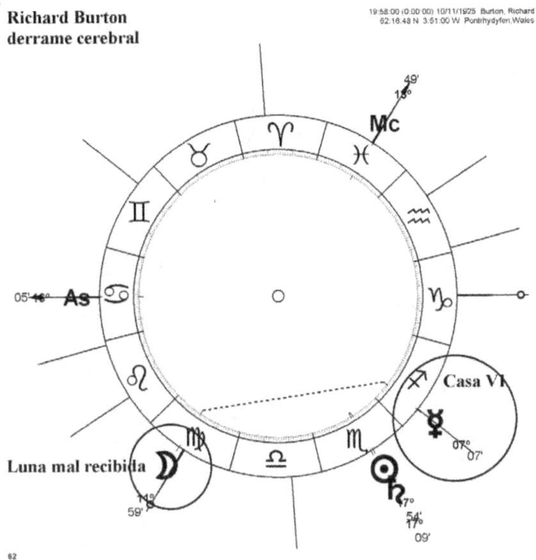

Antonio González Flores (Madrid, 14 de noviembre de 1961). Fue un cantante, compositor, actor y director español. Nacido en el seno de una familia de artistas, era hermano de las cantantes Rosario y Lolita Flores, e hijo del cantaor flamenco Antonio "El Pescailla" Flores. Antonio se convirtió en una de las figuras más importantes de la música española de la década de 1980 y principios de 1990, conocido por su estilo único que mezclaba flamenco, rock, blues y rumba. Padecía de depresión, murió el 13 de enero de 1995 a la edad de 38 años, supuestamente víctima de una sobredosis intencional de barbitúricos.

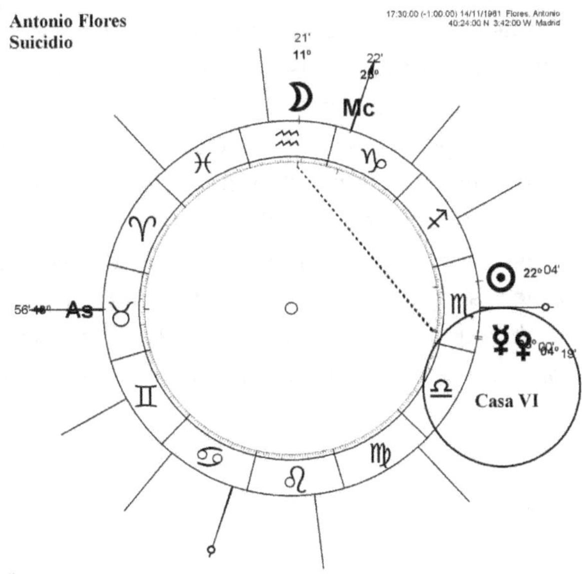

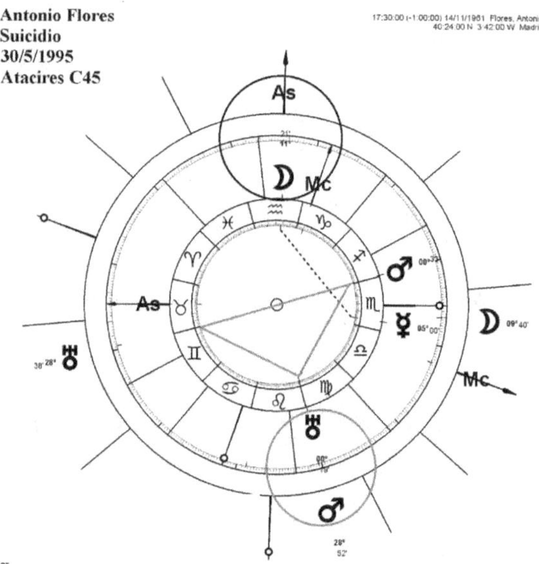

Adolf Eichmannn nacido el 19 de marzo de 1906, fue un oficial nazi austríaco y uno de los principales organizadores del Holocausto, el exterminio sistemático de judíos y otros grupos minoritarios por parte del régimen nazi durante la Segunda Guerra Mundial. Responsable de organizar la deportación de judíos de toda Europa ocupada por los nazis a campos de concentración y exterminio, como Auschwitz y Treblinka. También estuvo involucrado en la logística del asesinato en masa, incluyendo el transporte de víctimas, la construcción de cámaras de gas y la adquisición de gas Zyklon B.

Después de la Segunda Guerra Mundial, Eichmann huyó a Argentina, donde vivió bajo una identidad falsa durante varios años. En 1960, fue capturado por agentes del Mossad, el servicio de inteligencia israelí, y llevado a Israel para ser juzgado. En 1961, fue declarado culpable de crímenes contra la humanidad, crímenes de guerra y genocidio, y fue condenado a muerte. Fue ejecutado en la horca el 31 de mayo de 1962. Su nombre se ha convertido en sinónimo de maldad y crueldad.

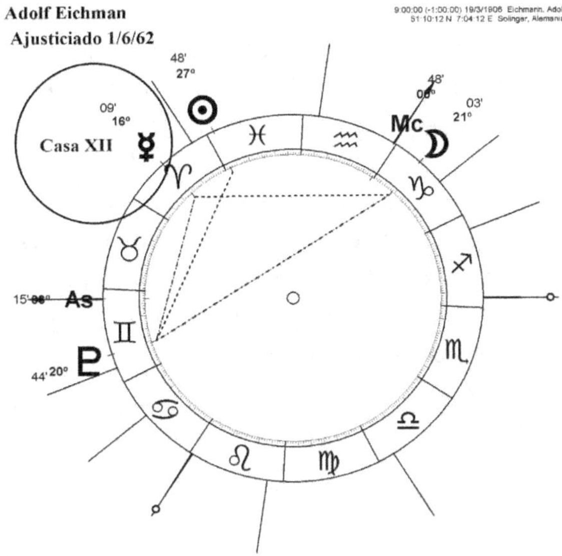

Durante el Holocausto, Eichmann gestionó las deportaciones por ferrocarril de los judíos europeos hacia los campos de exterminio de Auschwitz, Treblinka, Sobibor, Chelmno, Belzec y Madjanek, donde en un año fueron asesinados un total de 23´619,885 judíos. En 1944, junto con la milicia Cruz Flechada Húngara, acabó con la vida de 400,000 personas y en 1945 gestionó la evacuación de 60,000 personas más en las conocidas como "marchas de la muerte".

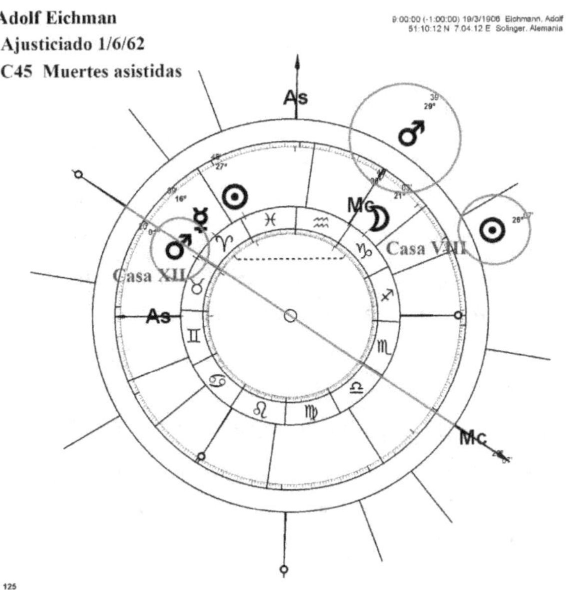

YoKo Ono, nacida en Tokio en 1933, pasó su infancia entre Japón y Estados Unidos. Desde temprana edad mostró interés por el arte y la música, estudiando piano y composición. En la década de 1950, comenzó a participar en el movimiento Fluxus, un grupo de artistas que exploraban la performance y el arte experimental. Es conocida por su relación con el músico John Lennon, muchos la acusaron de ser una influencia negativa en Lennon y de haber contribuido a la disolución de The Beatles y por su activismo por la paz. Ono ha hablado abiertamente sobre haber experimentado depresión en su juventud. Incluso fue hospitalizada brevemente en un centro psiquiátrico en Japón.

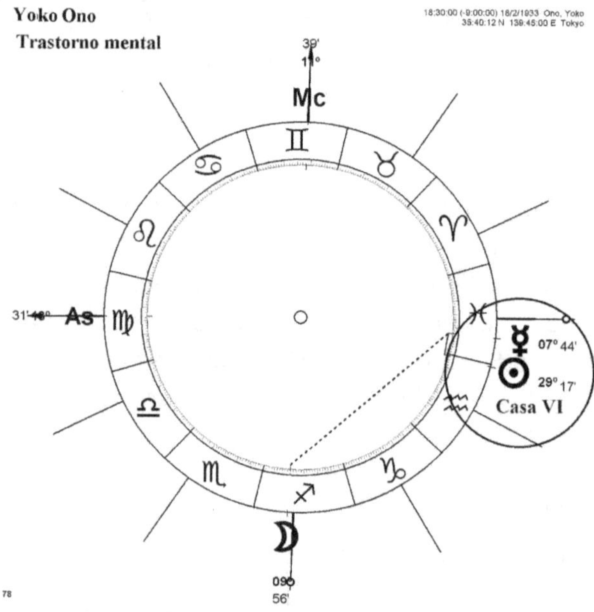

Rosalynn Carter, nacida el 18 de agosto de 1927 en Plains, Georgia y fallecida el 19 de noviembre de 2023 en la misma ciudad, fue una escritora, activista y humanista estadounidense que se desempeñó como primera dama de los Estados Unidos desde 1977 hasta 1981 durante la presidencia de su esposo, Jimmy Carter. Ella habló abiertamente sobre sus luchas con la depresión, particularmente durante su juventud. Incluso fue hospitalizada brevemente en un centro psiquiátrico en Japón cuando era una joven adulta. A lo largo de sus décadas de servicio público, Rosalynn Carter fue una defensora líder de los derechos de la mujer y la salud mental.

Carter murió en su casa de Plains, Georgia después de años de padecer demencia.

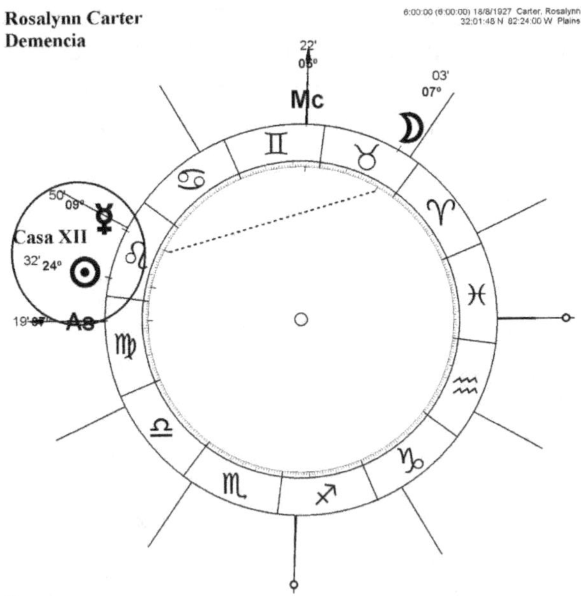

Mary Wollstonecraft Shelley, nacida el 30 de agosto de 1797 en Londres, Inglaterra, y fallecida el 1 de febrero de 1851 en la misma ciudad, fue una novelista, dramaturga, ensayista y biógrafa británica, reconocida principalmente por ser la autora de la novela gótica *Franquenstein, o El Moderno Prometeo* (1818), considerada la primera novela de ciencia ficción moderna. Murió de un tumor cerebral en 1851, a la edad de 53 años.

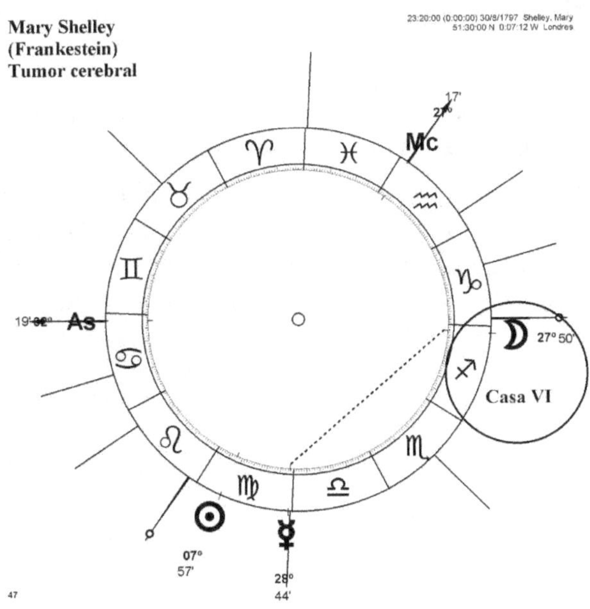

Dylan Thomas, nacido el 27 de octubre de 1914 en Swansea, Gales, y fallecido el 9 de noviembre de 1953 en la ciudad de Nueva York, Estados Unidos, fue un poeta, escritor de cuentos y dramaturgo británico. Es conocido por su poesía lírica y evocadora, que a menudo explora temas como la muerte, el amor, la naturaleza y la religión. Sufrió de problemas de trastorno bipolar y alcoholismo que le provocaron entre otras cosas neumonía.

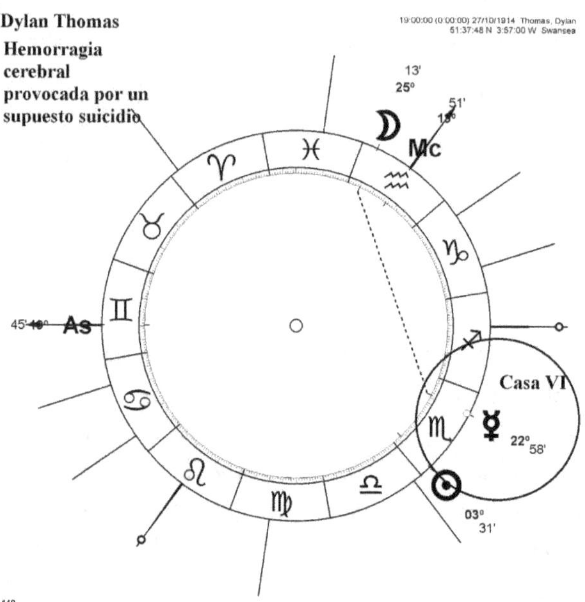

Charlton Heston, fue un consagrado y prolífico actor del cine clásico estadounidense, ganador del Premio Oscar y universalmente famoso por sus interpretaciones del género épico, dando vida a personajes como Moisés en *Los diez mandamientos* y Judah Ben-Hur en *Ben-Hur*. También interpretó a Rodrigo Díaz de Vivar en *El Cid*, y a Miguel Ángel en *The Agony and the Ecstasy*. Su carrera incluye además *Sed de mal*, de Orson Welles, y el papel del coronel Taylor en *El planeta de los simios* (1968) y su secuela.

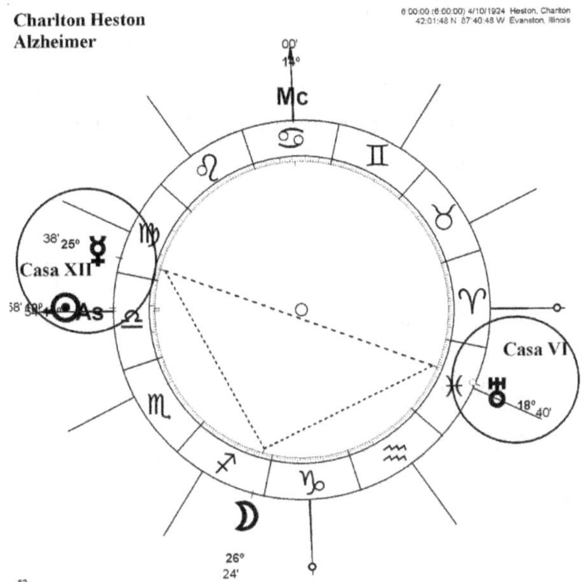

Semisextil y quincuncio Luna-Mercurio en Casa VI o Casa XII

Walter Bruce Willis, nacido el 19 de marzo de 1955 en Idar-Oberstein, Alemania Occidental, es un actor estadounidense, considerado uno de los actores más reconocidos y exitosos de su generación. Sus películas han recaudado grandes sumas de dinero en todo el mundo.

Es conocido por su carisma, su humor y su habilidad para interpretar personajes icónicos. En 2022, Willis fue diagnosticado con afasia, una condición que afecta su capacidad para comunicarse.

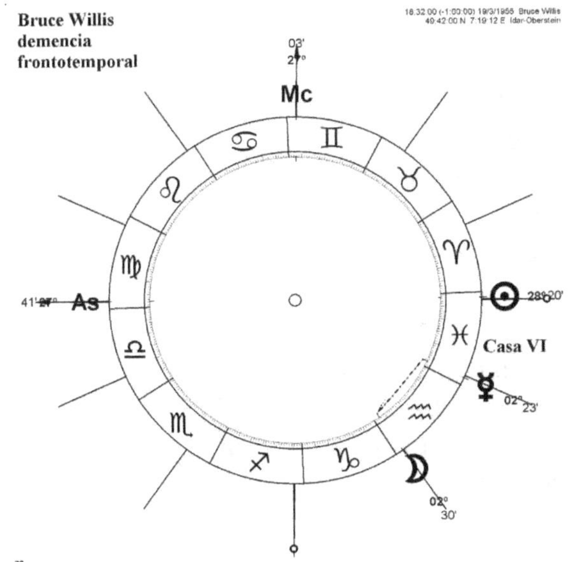

Andreas Lubitz nacido el 18 de diciembre de 1987 en Neuburg an der Donau, Alemania fue un copiloto alemán que provocó el accidente del vuelo 9525 de Germanwings el 24 de marzo de 2015. El avión, que viajaba de Barcelona a Düsseldorf, se estrelló en los Alpes franceses, causando la muerte de las 150 personas a bordo.

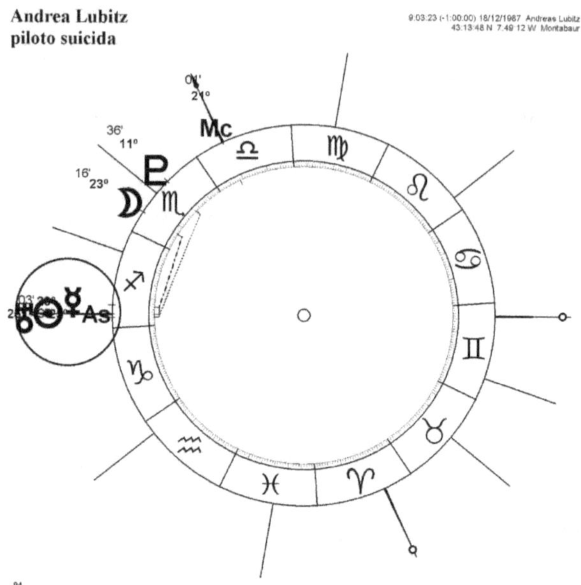

Andrea Lubitz
piloto suicida

Harry S. Truman nació el 8 de mayo de 1884 en Lamar, Missouri, Estados Unidos, fue presidente de los Estados Unidos de América de 1945 a 1953, ordenó el lanzamiento de las bombas atómicas sobre Hiroshima y Nagasaki.

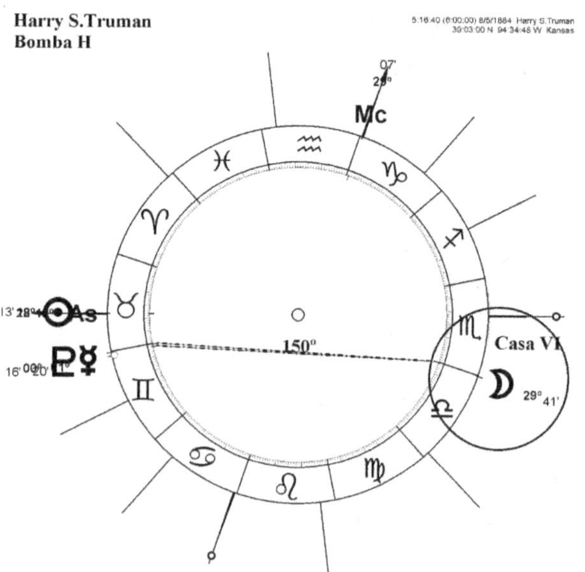

Harry S.Truman
Bomba H

Luna oposición Mercurio en Casas VI y XII. Hipermnesia y mentes geniales

Enrico Fermi, nació el 29 de septiembre de 1901, Roma, Italia. Físico brillante, considerado uno de los científicos más importantes del siglo XX. Llamado "el arquitecto de la era nuclear" y "el arquitecto de la bomba atómica".

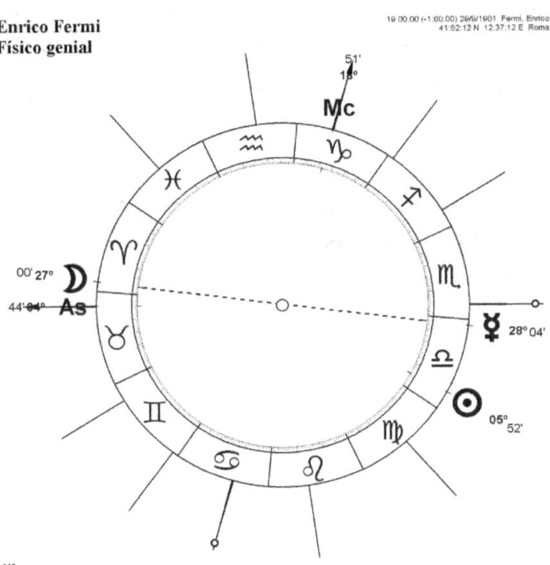

Judy Garland, comenzó su carrera como actriz infantil en la década de 1920 con sus hermanas en un grupo de vodevil. Firmó con Metro-Gold-wyn-Mayer (MGM) a los 13 años y se convirtió en una de las estrellas más populares del estudio durante las décadas de 1930 y 1940.

Su papel más importante es Dorothy Gale en la película clásica *El mago de Oz* (1939). Luchó contra la adicción a las drogas y el alcohol durante gran parte de su vida. Pade-

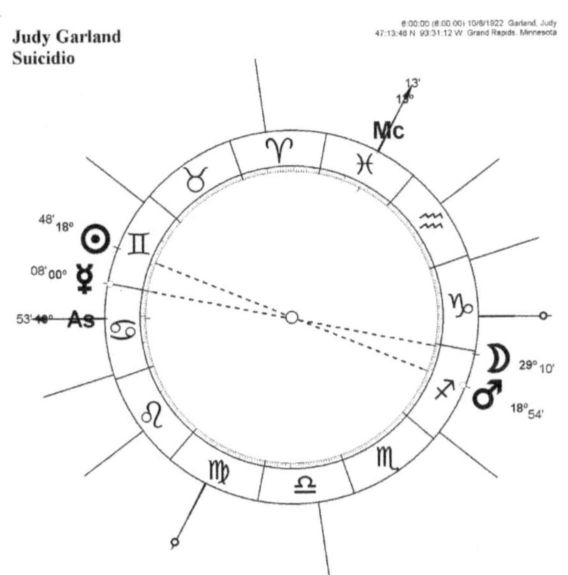

cía problemas mentales y había intentado suicidarse en varias ocasiones, hasta que murió de una sobredosis de barbitúricos en 1969 a la edad de 47 años.

John Ruskin nacido el 8 de febrero de 1819 en Londres, Inglaterra; fue conocido por sus escritos sobre arte, arquitectura y sociedad. Fue miembro de un grupo de artistas británicos que se rebelaron contra la Academia Real de Artes (prerrafaelita) y escribió sobre temas sociales y políticos, criticando el industrialismo y la desigualdad social. Filántropo que donó gran parte de su riqueza a causas benéficas, incluyendo la educación y el cuidado de los pobres.

Experimentó períodos de depresión, ansiedad y paranoia, algunos de los cuales fueron bastante graves.

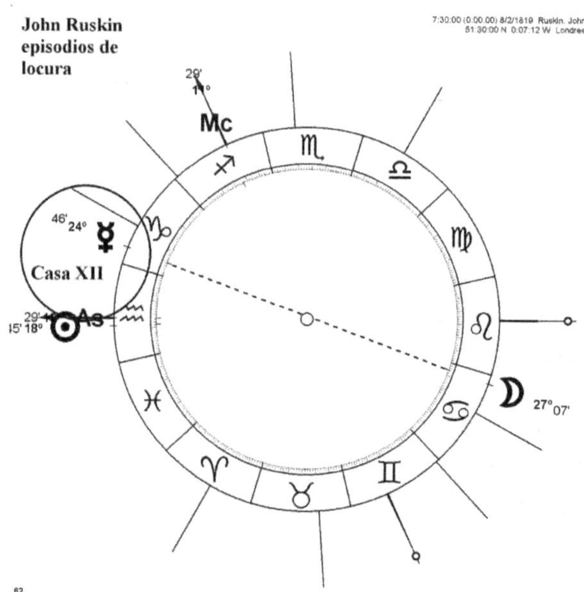

Charles François Gounod nació el 17 de junio de 1818 en París, Francia, fue un niño prodigio que comenzó a tocar el piano a los cuatro años y a componer a los siete, conocido principalmente por sus óperas, incluyendo: *Fausto*, y *Romeo y Julieta*. Fue nombrado miembro de la Academia de Bellas Artes de Francia. A la edad de 28 años, Gounod sufrió un colapso nervioso mientras trabajaba en una ópera. En 1879, a la edad de 61 años, Gounod sufrió un accidente cerebrovascular. Gounod también experimentó problemas de salud mental a lo largo de su vida. Sufría de depresión y ansiedad, y en ocasiones fue tratado por estas afecciones.

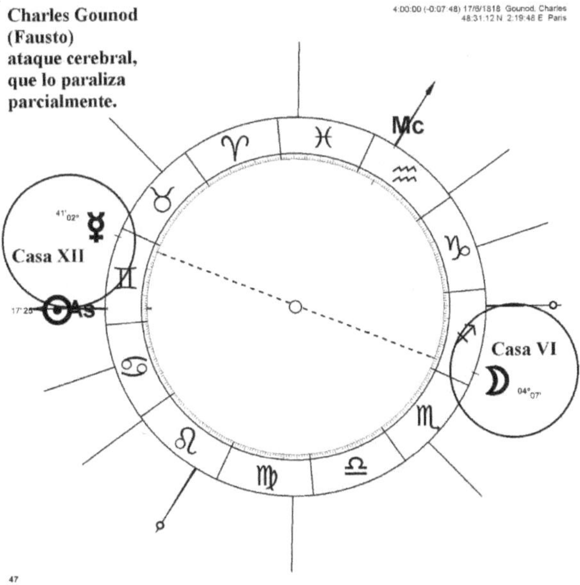

Capítulo II

Los Partes arábigos que afectan a la salud mental

Los Partes arábigos son semejantes a las señales de tráfico que sirven para regular la circulación, guiar a los usuarios de la vía y aumentar su seguridad. De igual manera los Partes arábigos regulan la circulación de los movimientos astrológicos y guían a las personas para aumentar su seguridad y prevenirles de variadas alteraciones que pueden sobrevenirles.

Parte del Infortunio: Asc+Saturno-Marte

De entre la multitud de Partes arábigos, hay unos pocos que son muy útiles para conocer las posibles alteraciones de la salud mental. El más antiguos e importante de todos, es el Parte de la Azemema, más conocido como el Parte del Infortunio, que es una "señal" de tráfico astrológica que se extrae del arco de separación entre Saturno y Marte y se añade al Ascendente, y allí donde

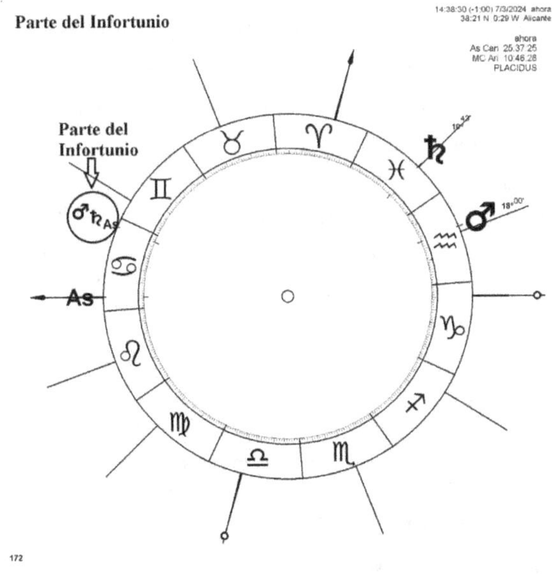

se ubica señala un riesgo que puede afectar a la salud mental, especialmente si se ubica a menos de dos grados de un planeta. Y eso es mucho más notable y más grave si el Parte arábigo se ubica en las Casas XII o VI.

Si la conjunción del Parte de Infortunio con un planeta ocurre en la Casa VI, señala un trastorno mental de mayor a menor gravedad, un trastorno que de un modo u otro se deja notar en la persona que lo padece.

Mientras que si el Parte del Infortunio forma conjunción con un planeta en la Casa XII, señala un trastorno de la salud física que ocasiona enfermedades congénitas, crónicas o degenerativas, o todo junto.

Eso mismo puede ocurrir en la carta del cielo de la revolución solar, donde el daño es transitorio, o afecta especialmente a ese año en particular. En estos casos se pueden evitar los perjuicios, daños o deterioros de la salud que pueda ocasionar el Parte del Infortunio, si se calcula la revolución solar antes del cumpleaños y se usa la técnica de relocación, para de ese modo separar al Parte de cualquier planeta que pueda dañar o perjudicar.

Para entender esta mala influencia y hacernos una idea clara nada mejor que observar algunos casos que nos sirvan de ejemplo, que en el caso de alteraciones de la salud mental se observan especialmente en la Casa VI.

Un caso sencillo de una persona conocida por todo el mundo es el de Brigitte Bardot, actriz francesa que ha hablado abiertamente sobre sus luchas con la salud mental, incluyendo tres intentos de suicidio durante su adolescencia. En sus memorias, describe haberse sentido abrumada por la presión de la fama y las expectativas, lo que la llevó a un lugar oscuro y una vida amorosa complicada. Se convirtió en activista por los derechos de los animales, para lo que estableció una fundación. "Le di mi juventud y mi belleza a los hombres, ahora le doy mi sabiduría y mi experiencia, lo mejor de mí, a los animales".

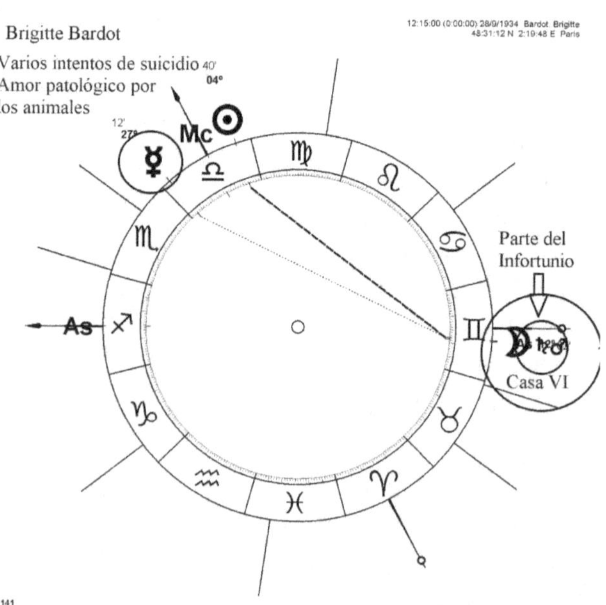

Ella tiene a la Luna Casa VI formando conjunción con el Parte de Infortunio, lo que delata su desmedido amor por los animales (propios de la Casa VI) que se puede considerar un trastorno mental.

Brigitte Bardot tiene a la Luna en la Casa VI, junto al Infortunio, formando un mal aspecto de sesquicuadratura (135°) con Mercurio y por ello está "mal recibida". De ahí se nota el trastorno mental que ha padecido a lo largo de toda su vida. Reveló en un libro un episodio de suicidio de cuando ella tenía 16 años, da los detalles de ese primer intento de quitarse la vida. En una entrevista a la revista *Paris Match* dijo que: "Cuando era muy joven me dije que esta vida no valía la pena si debíamos sufrir. Entonces el suicidio se convirtió en mi vía de escape en esta vida".

El día 28 de septiembre de 1983, cuando cumplía cuarenta y nueve años, Bardot ingirió una sobredosis de somníferos y sedantes mezclados con vino tinto con la finalidad de quitarse la vida. Tuvieron que llevarla de urgencia al hospital, donde la salvaron después de usar una bomba estomacal para evacuar las píldoras de su cuerpo.

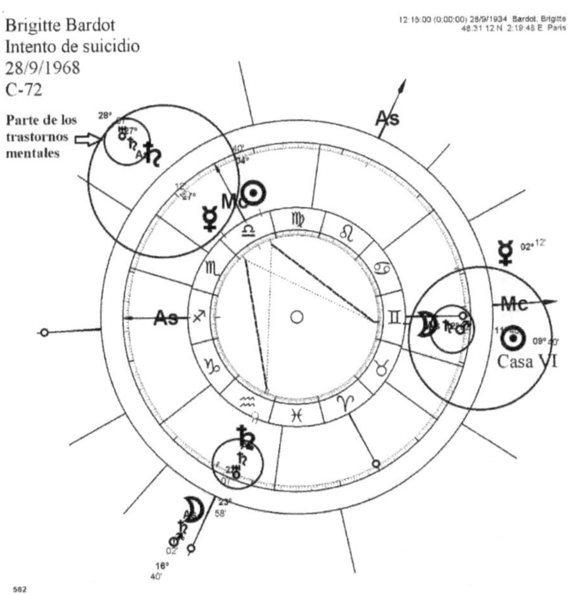

Otra de las malas influencias de la Luna "mal recibida" junto al infortunio se escenificó con un cáncer de mama, del que pudo sanarse y ser una superviviente de esa enfermedad. Aquí se notó claramente la buena influencia del trígono del Sol con la Luna, cuya naturaleza es sanadora.

Otro caso de una señora muy conocida por todo el mundo es el de Cristina Fernández de Argentina, cuyo trastorno mental es evidente y manifiesto para quien lo quiera ver.

Cristina Fernández de Kirchner, la ex presidenta de Argentina, del 2007 al 2015 y vicepresidenta de ese país del 2019 a 2023, según el libro del médico Nelson Castro, "Secreto de Estado, la verdad sobre la salud de Cristina Fernández de Kirchner", entre otras cosas padece trastorno bipolar, tiene atrofia del lóbulo frontal bilateral, y padece el síndrome de Hubris, tratándose de trastornos neurológicos, de orden psiquiátrico con fuertes dosis narcisistas, intervenciones fuera de contexto e incapacidad para reconocer la realidad y para escuchar al otro.

Tiene la Parte del Infortunio en la Casa VI, el escenario de los trastornos mentales, junto al planeta Neptuno, cuya naturaleza patógena es contagiosa. Por eso el componente de Saturno y Neptuno asociado a la ideología de socialismo científico, antiguamente conocido como comunismo, quienes en la actualidad, avergonzados por el resultado de su sistema político han optado por llamarlo "socialismo

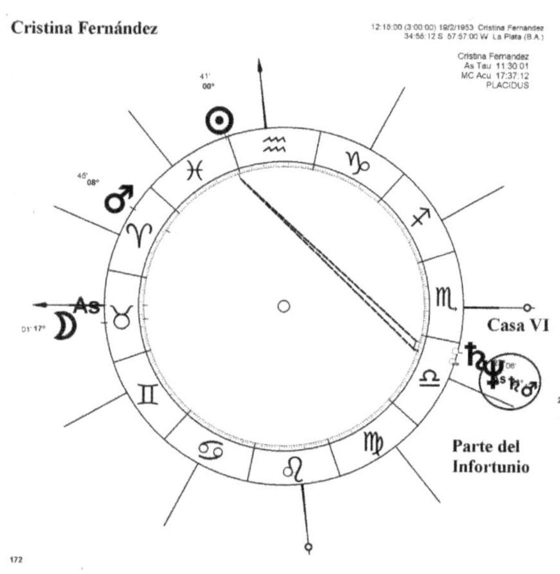

científico", un modo de pensar contagioso con el que la señora Fernández contagió de su trastorno a millones de argentinos y cuyo resultado final todo el mundo conoce.

Eso es lo malo que tiene el Parte del Infortunio junto a Neptuno, por su naturaleza contagiosa, que en el caso de los políticos, como ocurre con Cristina Fernández, contagian de su trastorno a millones de personas.

Un caso más de alteración mental, es el de Bruce Lee. Bruce Lee, nacido en San Francisco, California en 1940, fue un artista marcial, actor, cineasta, filósofo y escritor chino-estadounidense. Considerado por muchos como el artista marcial más influyente de todos los tiempos y un ícono de la cultura pop del siglo XX, popularizó las artes marciales en todo el mundo y dejó un legado duradero en el cine, la filosofía y la cultura popular. Con respecto a su salud mental tras su muerte en 1973, se dijo que sufría de estrés y ansiedad, depresión, e incluso trastorno bipolar o esquizofrenia.

Llegados a este punto conviene recordar que padecer determinado tipo de alteración mental, no significa una merma de las capacidades intelectuales, antes bien puede significar todo lo contrario, con una agudización de los sentidos muy notable.

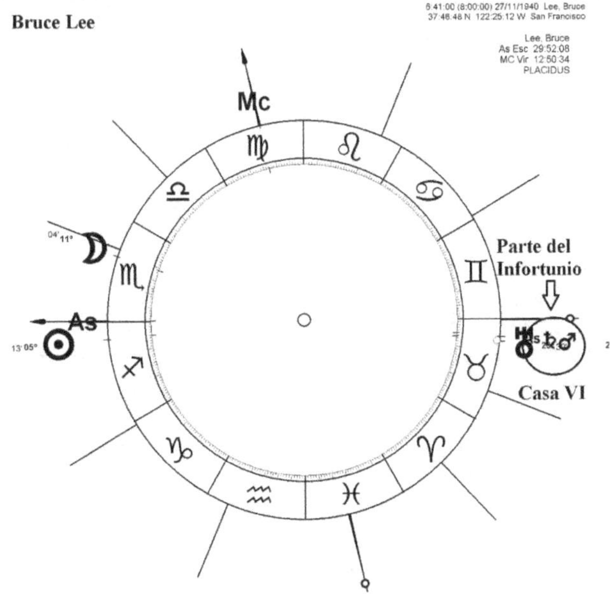

Bruce Lee tenía el Parte del Infortunio en conjunción con Urano en la Casa VI, señalando un trastorno mental de difícil diagnóstico.

El forense que examinó el cadáver del actor dictaminó que Bruce Lee falleció debido a un edema cerebral que le había provocado el medicamento que tomó en casa de Pei, tal y como afirmó Chow en 2005. Tuvo una reacción alérgica a la ingesta del Equagesic y su cerebro aumentó un 13% su tamaño. Su muerte conmocionó al mundo, que no se podía creer que aquel joven pudiese haberse muerto por tomarse una simple pastilla contra el dolor de cabeza.

Las causas del fallecimiento del actor siguen estando sin esclarecer cinco décadas después. La versión oficial es que murió debido a una reacción a un medicamento, aunque hay numerosas especulaciones sobre lo que pudo pasar.

La teoría que involucra elementos místicos ha sido la más extendida, pero no por eso la más loca: hay quien dice que Lee fue asesinado por "la tríada", los seguidores chinos de las artes marciales (por enseñarlas fuera del país) e incluso que una prostituta acabó con la vida del actor después de que Lee se pusiese violento tras tomarse demasiados afrodisíacos.

Al calcular los atacires del ciclo de 45 años, el reloj de las muertes asistidas, se observa que el punto medio entre los atacires de la Luna y Mercurio, que proceden de la Casa XII, el escenario de los enemigos secretos, llegó hasta el planeta Plutón ubicado en Casa VIII, el sector de la muerte. Lo que da para pensar que Bruce Lee fue asesinado por enemigos secretos y una mujer pudo participar en su muerte.

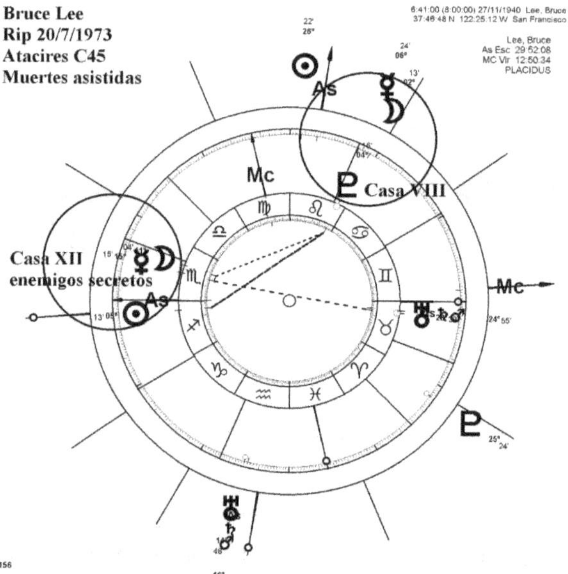

Steve Jobs, cofundador, presidente y CEO de Apple Inc., fue un visionario icónico en la industria de la tecnología. Biógrafos como Walter Isaacson sugieren que Jobs pudo haber experimentado un trastorno bipolar, personas cercanas a él describen sus luchas con la depresión, la ansiedad y los demonios internos.

Varios expertos han apuntado que Steve Jobs sufrió, desde el comienzo de su carrera profesional, un trastorno de personalidad, que afectó en su mundo laboral, dejándose notar así el Sol en la casa VI que es el ámbito laboral. Según estas voces, el fundador de Apple era una persona obsesiva. Steve agobiaba a sus empleados, ya que frecuentemente se dirigía a ellos elevando la voz e insultándolos. Algunos de los trabajadores de Apple no aguantaron la presión y decidieron marcharse... se frustraba constantemente cuando no lograba dar con la clave de un proyecto y lloraba a menudo por pequeños problemas en su día a día. —Su componente Piscis también se dejó notar.

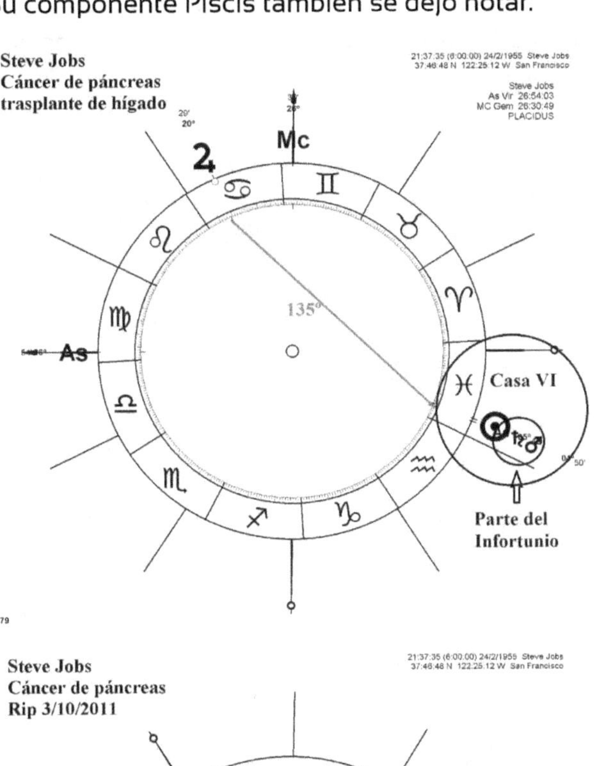

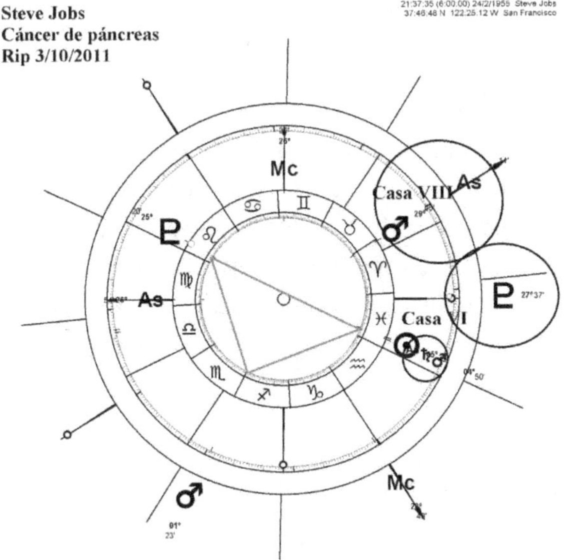

Parte de las enfermedades mentales y neurológicas: Asc+Saturno-Urano

El Parte arábigo de los trastornos mentales se extrae del arco de separación entre Saturno y Urano y se añade al Ascendente.

El Parte de los "trastornos mentales" no perjudica para nada el raciocinio, ni la capacidad intelectual y mucho menos la inteligencia. El riesgo de la influencia de este Parte arábigo es en cierta medida similar al riesgo de las enfermedades mentales, que ponen en riesgo la vida de la persona que lo padece. O les crea "trastornos sociales" que dejan profunda huella en su vida.

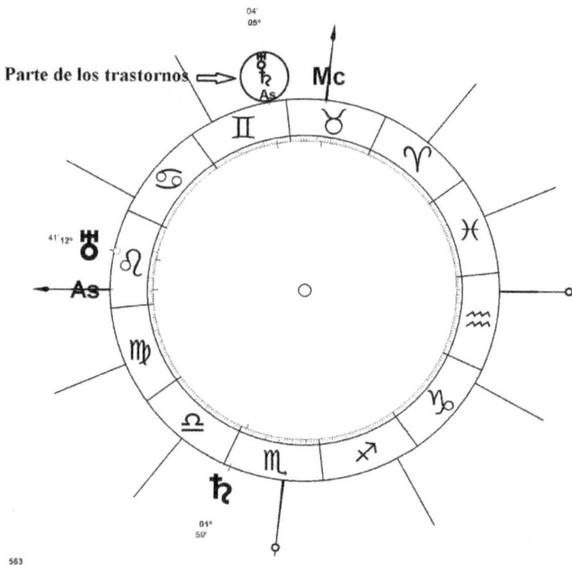

Bill Clinton, quien fue presidente demócrata de los Estados Unidos de 1993 a 2001, presidió el período más largo de expansión económica en tiempos de paz en la historia de Estados Unidos. Promulgó el Tratado de Libre Comercio de América del Norte (NAFTA) y la Ley de Control de Delitos Violentos y Aplicación de la Ley. Su presidencia de Bill Clinton estuvo plagada de acusaciones de infidelidad personal, la más famosa fue su aventura con la interna de la Casa Blanca, Mónica Lewinsky

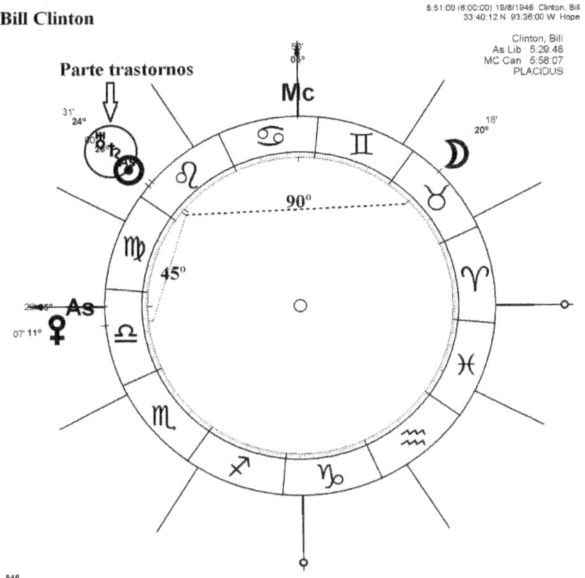

Bill Clinton y su trastorno con las mujeres: Monica Lewinsky fue la ex becaria de la Casa Blanca cuando tenía 24 años, se convirtió en protagonista principal del escándalo conocido como sexgate. Su relación con Bill Clinton terminó poniendo contra las cuerdas al titular de la Casa Blanca. En principio, negó haber tenido relación alguna con el presidente. Pero luego, a cambio de inmunidad, accedió a colaborar con el fiscal independiente Kenneth Star, que investigó la conducta de Clinton. En diálogos telefónicos que mantuvo con su amiga Linda Trip y grabados sin el consentimiento de Monica Lewinsky donde daba detalles de su relación con el mandatario. Protagonizó largas sesiones de sexo telefónico con el presidente cuando estaba de gira por el exterior y tuvo sexo oral con él en la propia Oficina Oval de la Casa Blanca.

El ahora presidente de los Estados Unidos de América, John Biden, fue uno de los senadores más jóvenes en ser electo para ese puesto. En 1972 su esposa y su hija de 13 meses Naomi, fallecieron en un accidente automovilístico, en 2015 perdió también a su hijo Beau por cáncer cerebral.

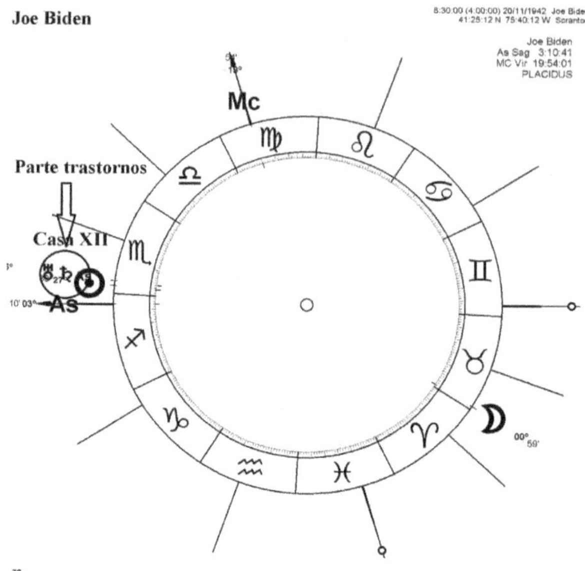

Joe Biden tiene el Parte de los trastornos junto al Sol en la Casa XII , que por Casas derivadas es la Casa VIII de la V y refleja la muerte de los hijos: Beau, el hijo de Biden, murió a causa de un cáncer cerebral en 2015. Era veterano de la guerra de Irak, y allí había trabajado junto al pozo de incineración de residuos de una base estadounidense.

John F. Kennedy, presidente de los Estados Unidos de 1961 a 1963, fue la persona más joven en ser elegido presidente, nació en una familia adinerada e influyente de Massachusetts. Enfrentó la crisis de los misiles cubanos, un enfrentamiento tenso con la Unión Soviética por la instalación de misiles nucleares en Cuba. Trágicamente fue asesinado a tiros en Dallas, Texas, en 1963.

JF Keneddy tenía el Parte de los trastornos en conjunción con Mercurio, que estaba en la cúspide de la Casa VIII formando cuadratura con Urano.

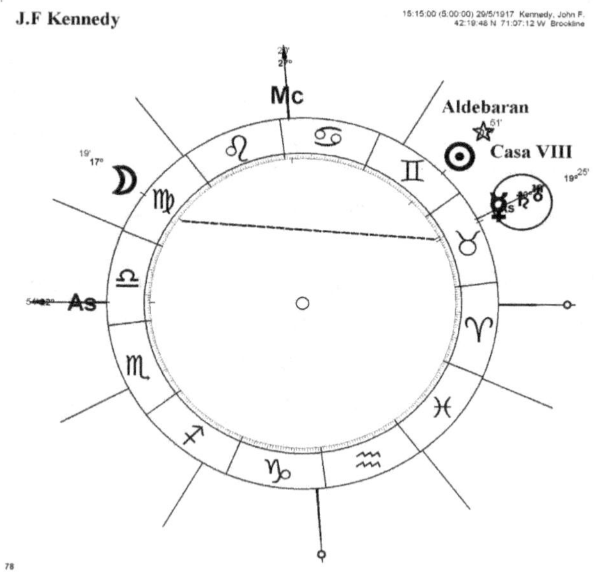

La figura de **Jesús de Nazaret** es compleja y multifacética, con una profunda relevancia histórica y cultural que trasciende la esfera religiosa. Ha sido fuente de inspiración para movimientos sociales y políticos a lo largo de la historia.

Jesús de Nazaret también tenía el Parte de los trastornos con Mercurio en Casa XII.

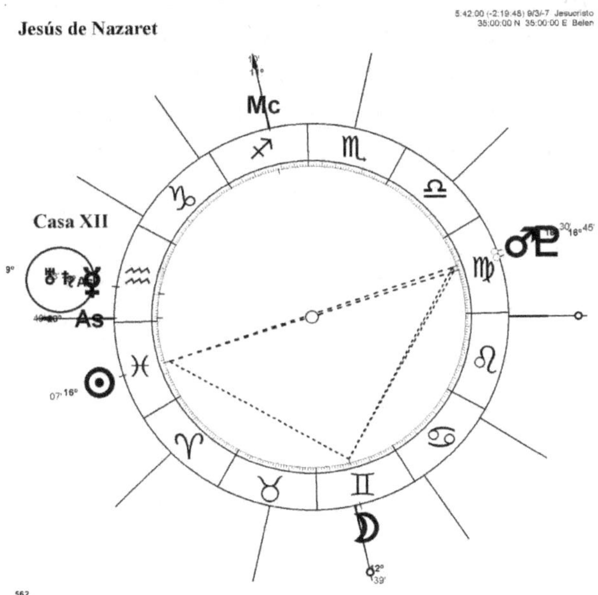

Mi primo Paquito tiene a Mercurio junto al Parte de los trastornos en cuadratura con Urano, y el pobre padece trastorno insuficientemente diagnosticado.

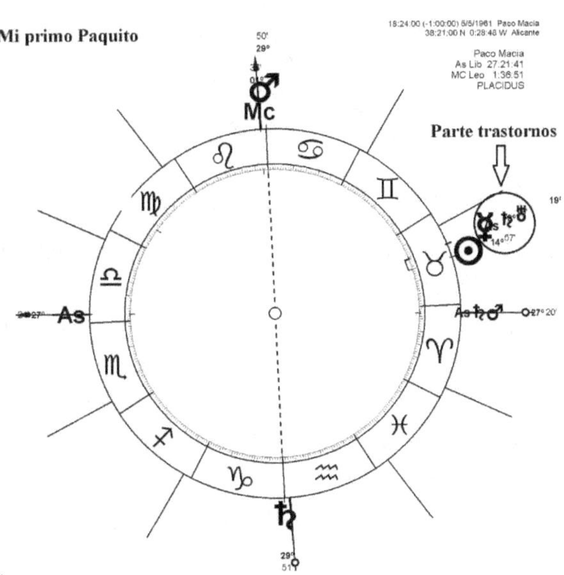

Aprovechando que el Pisuerga pasa por Valladolid este es el caso de "Superman".

Christopher Reeve fue un actor, director de cine y activista estadounidense. Alcanzó la fama mundial por interpretar a Superman en la película de acción real de 1978 y sus tres secuelas. Su actuación como el heroico hombre de acero lo convirtió en un ícono de la cultura pop. En 1995, Reeve sufrió un accidente ecuestre que lo dejó tetrapléjico. Se convirtió en un defensor de la investigación de lesiones de la médula espinal. Falleció el 10 de octubre de 2004, a los 52 años. La causa de su muerte fue un ataque cardíaco, que lo sumió en un coma del que no pudo recuperarse.

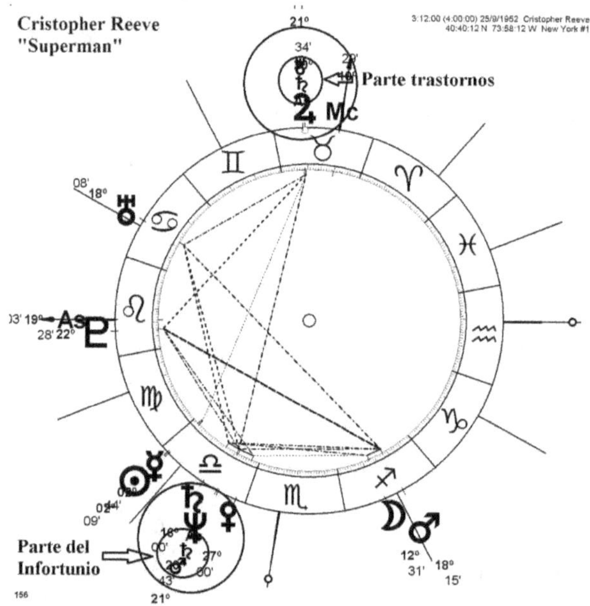

El 27 de mayo de 1995, la vida del actor cambió para siempre. Durante un concurso de equitación con salto de obstáculos en Culpeper (Virginia), al intentar superar un obstáculo cayó de cabeza de su caballo, lo que le provocó la fractura de dos vértebras cervicales y le seccionó la médula espinal.

Su accidente dejó al mundo conmocionado: tras caer de un caballo en 1995 quedó paralizado de cuello para abajo y murió menos de diez años después. Christopher Reeve falleció a los 52 años, 15 días después de su cumpleaños, en el año 2004.

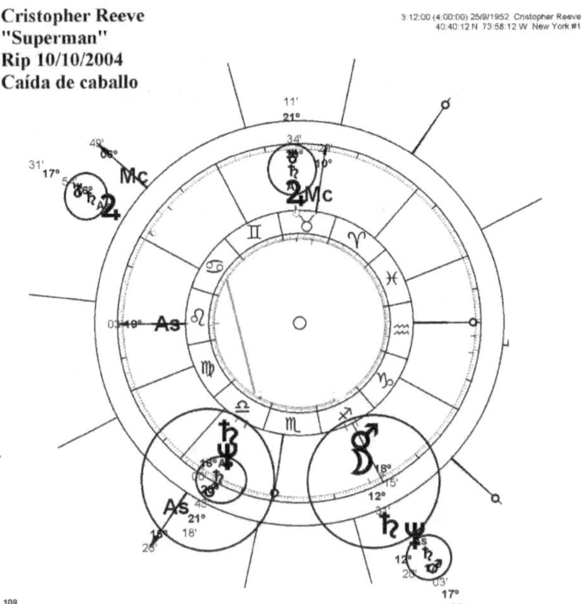

Parte de los trastornos de amor. Asc+Urano-Venus

De entre la variedad de asuntos y personas que nos pueden causar trastorno mental, psíquico o emocional, los trastornos de amor, las alteraciones emocionales y psicológicas que pueden llegar a causar los asuntos de amor, son de primera magnitud, y causan mucho sufrimiento y pesadumbre, tanto es así que pueden llevar a pensar en el suicidio. Los trastornos causados por el amor son espantosos para el que los vive.

Y todos estamos sujetos a un trastorno de amor en algún momento de nuestra vida, con decepciones, chascos, depresión y angustia vital originada a causa del amor que se siente por otra persona y el dolor que puede llegar a causar. Son tan dolorosos los trastornos de amor, que dejan un bloqueo mental y emocional para toda la vida.

Al igual que el resto de los trastornos mentales, psicológicos o emocionales, los trastornos de amor se pueden detectar en la carta del cielo de nacimiento de una persona y también en las cartas del cielo de la revolución anual, donde se puede intervenir para atenuar o evitar el trastorno de amor de una persona o de nosotros mismos.

Para analizar los posibles trastornos causados por la vida sentimental, las heridas de amor, las personas que las originan y el tiempo en que ocurren, se puede usar la técnica de los Partes arábigos, en este caso el Parte arábigo de los trastornos de amor que es el que se forma del arco de separación entre el planeta Urano y Venus y se añade al Ascendente, tanto en la carta natal como en el de la revolución solar anual.

El punto donde se ubique este Parte arábigo, señala los posibles trastornos de amor. Y si el Parte de los trastornos se sitúa a menos de dos grados de un planeta personal, tenemos el trastorno de amor garantizado, que casi siempre se acompaña de infidelidades, celos, pérdida de la confianza, heridas de amor y sufrimiento emocional, con dolor del alma.

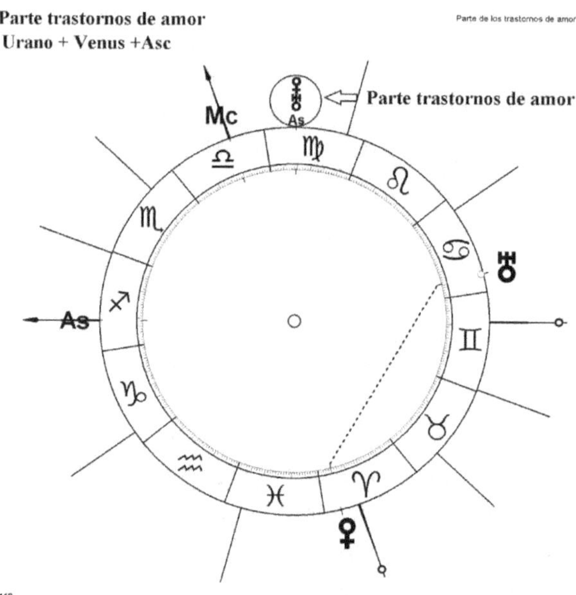

Cuando el Parte de los trastornos de amor se sitúa a menos de dos grados de la Luna, es señal de una experiencia cuando menos dolorosa, una herida de amor que causa aflicción y pesadumbre emocional. Hay personas que lo tienen en su carta de nacimiento y suele ser muy evidente el trastorno de amor en algún momento de su vida. Y para el resto de las personas en algún año, en la revolución solar, nos podemos encontrar con esta configuración, y si se analiza esa carta antes de iniciar el nuevo año, se puede esquivar y escapar de tan desagradable trastorno, usando la técnica de las relocaciones.

Para comprender este Parte arábigo puedes imaginar lo que puede ocurrir cuando el atacir de Urano llega por conjunción al lugar donde está Venus, o viceversa, siempre que eso sucede se produce una alteración en la vida sentimental, en unos casos se puede pensar en la aparición de amores imprevistos, amores por sorpresa, locuras de amor, amores locos, enamorarse de una o un loco y también puede escenificarse como la "rebelión de la pareja", y eso es mucho más notable si el Parte de los trastornos de amor se encuentra junto al Sol. Como es el caso del príncipe Carlos de Inglaterra.

El Rey Carlos de Inglaterra a los 73 años, se convirtió en la persona de mayor edad en acceder al trono británico tras la muerte de su madre, la reina Isabel II. En 1981, contrajo matrimonio con lady Diana Spencer, con quien tuvo dos hijos, Guillermo y Enrique. Sin embargo, en 1996, la pareja se divorció tras verse envuelta en relaciones extramatrimoniales ampliamente divulgadas por los medios. En 2005, Carlos contrajo matrimonio con su actual esposa y pareja de muchos años, Camilla Parker Bowles.

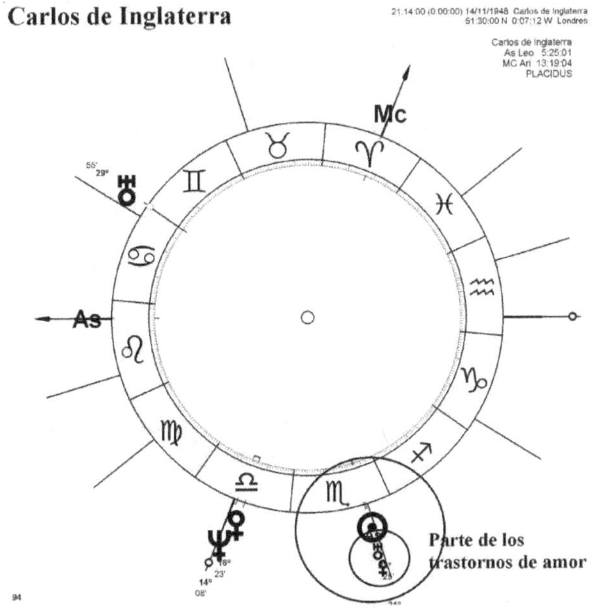

Carlos de Inglaterra tiene el Parte de los Trastornos de Amor justo encima de su Sol, por ello es un buen ejemplo, y porque su carta tiene la hora de nacimiento perfecta y su vida es muy conocida por todos y es un caso estupendo para mostrar el modo en que se puede notar la influencia del Parte de los trastornos de amor.

Este Parte, cuando forma conjunción con el Sol, la Luna o cualquier planeta, delata un trastorno causado por el amor o relacionado con la vida sentimental de quien lo padece. Y cuidado; porque en cualquier revolución solar se puede colocar sobre un planeta y ya tenemos el trastorno de amor garantizado ese año.

Un caso reciente que puede servir de ejemplo es el de Giorgia Meloni, una periodista y política italiana, actual presidenta del Consejo de Ministros de Italia desde octubre de 2022, siendo la primera mujer en ocupar este cargo. Se opone al aborto, la eutanasia, el matrimonio entre personas del mismo sexo y a la familia homoparental, diciendo que las familias nucleares están encabezadas exclusivamente por parejas de hombres y mujeres. Estuvo casada con Andrea Giambruno, un famoso periodista de izquierda con quien tuvo una hija. Su caso resulta interesante pues que lo que a ella le ocurre se hace público y por ello es muy útil para usarla como muestra.

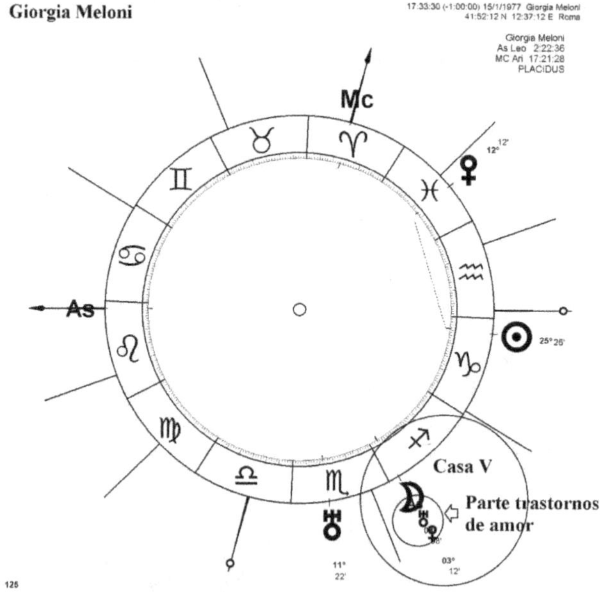

Giorgia Meloni tiene parte de los trastornos de amor sobre la Luna. No hay que olvidar que en la fórmula de este Parte entran en juego el planeta Urano y Venus. Meloni tiene a Acuario en la Casa VII y eso potencia el riesgo de separación matrimonial.

La Luna la tiene en la Casa V y representa por ello a su hija, que es el nexo de unión que la relaciona con el padre de su hija con quien ha padecido un trastorno de amor que la ha llevado a la separación.

Rebuscando por mi archivo de personas famosas me he encontrado con otro caso muy interesante, el de Humphrey Bogart, el actor estadounidense que nació en Nueva York el 25 de diciembre de 1899 y falleció en Los

Ángeles,California, 1957. Sus interpretaciones en películas clásicas del cine de Hollywood lo convirtieron en un ícono cultural estadounidense. En 1999, el American Film Institute lo seleccionó como la estrella masculina más importante de los primeros cien años del cine estadounidense, quien también tiene al Parte de los trastornos de amor junto a la Luna en la Casa I. Se casó cuatro veces a lo largo de su vida y tuvo varios romances durante su carrera de actor, pero su relación más significativa fue sin duda con Lauren Bacall, 25 años menor que Bogart, pero su diferencia de edad no impidió que tuvieran una relación apasionada durante 15 años.

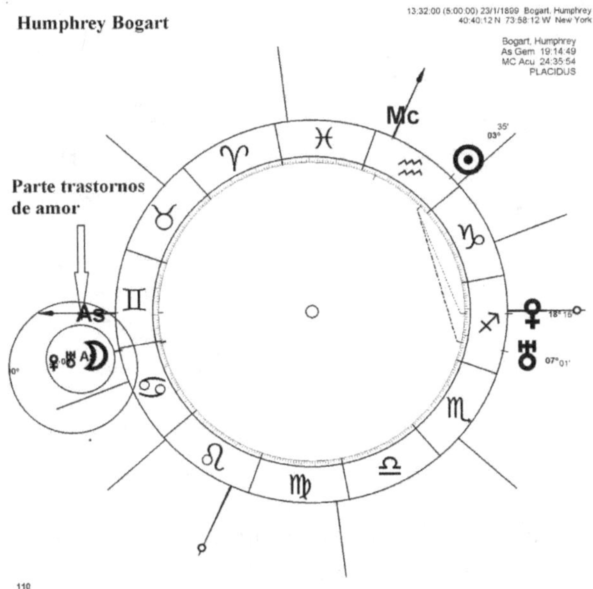

El pobre de **Humphrey Bogart** pasó unos celos terribles y sufrió una herida de amor a causa de la infidelidad de Lauren Bacall quién se enamoró de un tal Stevenson, un político que fue candidato a la presidencia de EEUU. Lo que provocó en Bogart un trastorno de amor mucho más fuerte que el que se ve reflejado en la película *Casablanca*. Estas cosas de amor duelen mucho, causan sufrimiento, y eso es algo que saben bien quienes tienen la mala suerte de experimentar un trastorno causado por una herida de amor.

Un último caso que me resulta interesante es el de Mark Zuckenberg, un empresario y filántropo estadounidense conocido por ser el cofundador y director ejecutivo de Meta Platforms, anteriormente conocida como

Facebook. Casado con Priscilla Chan que fue su novia en la Universidad de Harvard. Juntos, crearon una organización filantrópica dedicada a promover la salud, la educación y la justicia social. Tienen tres hijas: Maxima, August y Aurelia. Conocido como "el amo de la Red" quien también tiene el Parte de los trastornos de amor junto a la Luna, en la Casa VI, el escenario del mundo laboral

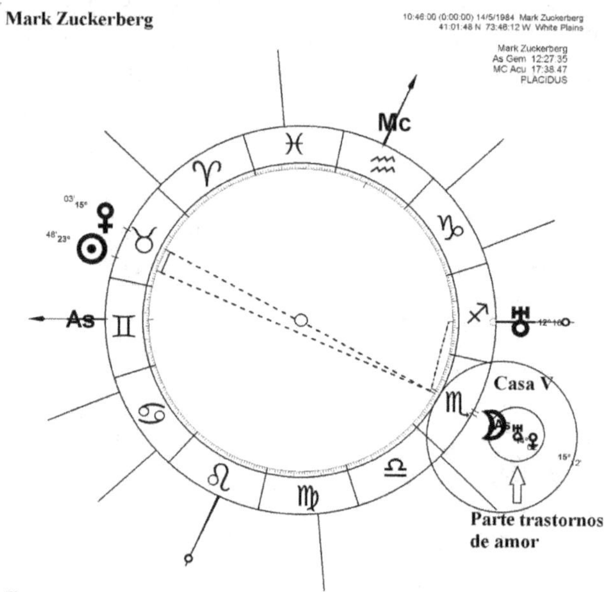

En la carta del cielo de nacimiento de **Mark Zuckerberg** se observa que el Parte de los trastorno de amor está en el mismo grado de su Luna, en la Casa VI, el escenario del mundo laboral, justo donde conoció a su mujer y con la que tiene dos hijas. Nada que decir, simplemente observo, miro a su mujer, lo miro a él, miro el Parte de los trastornos de amor sobre su Luna y me quedo esperando a ver por donde sale el asunto.

La Luna y Mercurio son los dos elementos principales causantes de todo tipo de trastornos mentales y emocionales. El Parte de los trastornos de amor sobre la Luna siempre se deja notar su mala influencia de alguna manera. Y con Mercurio ocurre igual.

Cuando el Parte de los trastornos de amor se coloca justo al lado del Mercurio, el trastorno es variopinto, algunas mujeres se enamoran de sus hijos, de un modo que puede llegar a ser patológico o anómalo, o tienen "locuras de amor" con hombres de biotipo mercurial, que pueden ser más jóvenes o no, siempre finos, eso sí. Y si eso mismo ocurre en hombres, el trastorno de su vida sentimental suele ser causado por sus tendencias bisexuales o directamente homosexuales, tienden o sienten inclinación hacia los hombres jóvenes y en muchos ambientes sociales, esto no está bien visto.

Curiosamente cuando el Parte de los trastornos de amor se coloca a menos de dos grado de Mercurio, especialmente en los hombres es señal de bisexualidad o de homosexualidad con relaciones sentimentales que siempre causan algún tipo de dolor emocional, bien sea por celos o por desamor de la pareja. En las mujeres suele dejarse notar en alguna relación sentimental que hay que ocultar y que causa pesares de la más diversa naturaleza, con infidelidades incluidas.

Un caso de un personaje famoso y conocido universalmente, que nos puede servir de ejemplo, es el de **Hillary Clinton**, que nació en Chicago el 26 de octubre de 1947 es una política, diplomática, abogada, escritora, filántropa, conferencista y secretaria de Estado de los Estados Unidos, senadora de los Estados Unidos y primera dama. Se convirtió en la primera mujer en ser candidata a la presidencia de los Estados Unidos por uno de sus dos principales partidos y la primera mujer en ganar el voto popular aunque por el sistema de votación perdió la presidencia frente a Donald Trump. Se casó con Bill Clinton en 1975 quien sin duda, la hizo padecer un gran disgusto y un sufrimiento grande causado por su infidelidad pública.

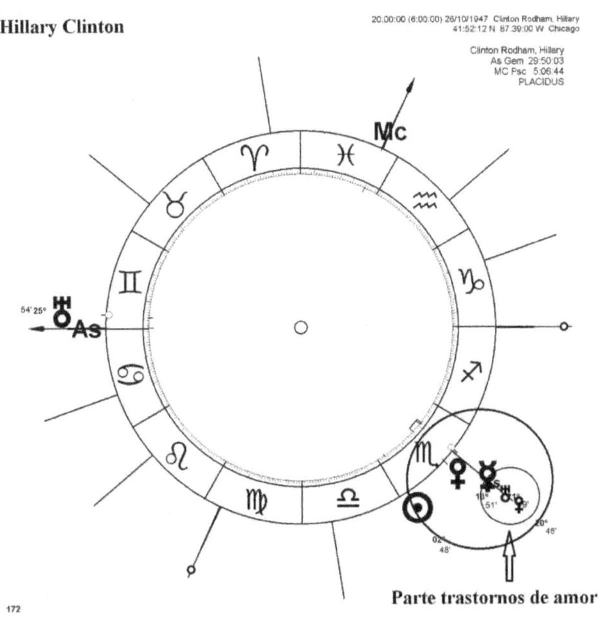

Hillary Clinton tiene el parte arábigo de los trastorno de amor en el mismo grado de Mercurio y sin duda esta mujer padeció de celos, pérdida de confianza y desamor por parte de su pareja.

De modo parecido ocurre cuando el Parte de los trastornos de amor se coloca a menos de dos grados del Sol. En el caso de las mujeres casi siempre es señal de una separación causada por el desamor, la desconfianza, las infidelidades o los celos.

Aunque es mucho peor cuando el Parte de los trastornos de amor se ubica junto al planeta Marte, en especial en los hombres a quienes deja, sino impotentes, incapacitados para llevar una vida sexual y sentimental normal, dejándolos, en muchos de los casos, célibes o asexuales en un periodo de su vida, sin dejar de ser hombres seductores para cierto tipo de mujeres, quienes también suelen tener algún tipo de trastorno.

Un caso un poco exagerado es el de Néstor Kirschner, quien fue un abogado y político argentino, nacido el 25 de febrero de 1950, fue presidente de esa nación del 2003 al 2007. De ideología peronista, se casó en 1975 con Cristina Fernández, quien también llegó a ser presidenta de esa nación. Falleció el 27 de octubre de 2010.

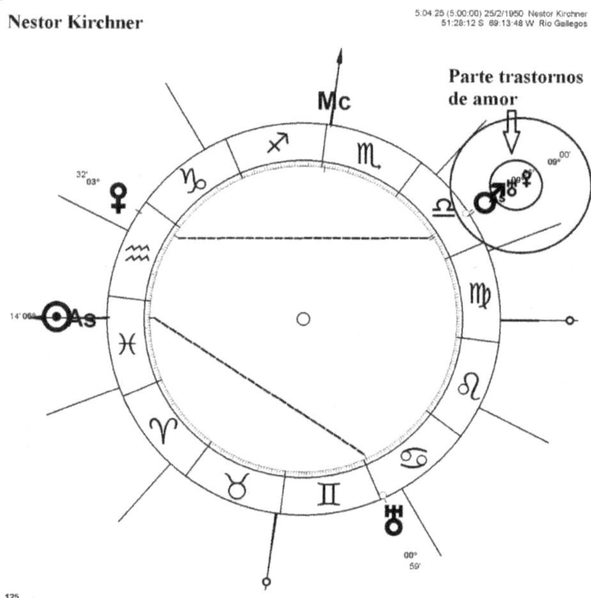

Néstor Kirschner tenía el Parte arábigo de los trastornos de amor justo en el mismo grado del planeta Marte en la Casa VIII, lo que hace sospechar que su muerte tuvo alguna relación con su esposa, quien tiene un trastorno mental manifiesto.

Si el Parte está junto a Júpiter el trastorno de amor se relaciona con una persona admirable o extranjera, o el mismísimo obispo, igual que en la serie del *Pájaro espino*, con Richard Chamberlain actuando de obispo. Por ejemplo, tengo una clienta llamada Ariana, que era la amante del obispo y tenía el Parte de los trastornos de amor junto a Júpiter, también conozco casos de trastornos de amor con personas de mayor relevancia social, como una jefa con su empleado, sea jardinero o lo que pillen.

Se coloque el Parte arábigo junto al planeta que se coloque, tendremos el trastorno de amor asegurado, y si no trastorno, amor anómalo o cuando menos poco normal, según el planeta con el que el Parte se una. Se calcula el arco entre Urano y Venus y se añade al Ascendente.

Un caso completamente aburrido es el de Eva Perón, ella nació el 7 de mayo de 1919 en Buenos Aires, Argentina; fue política, actriz y primera dama de su país entre 1946 y 1952 y presidenta del Partido Peronista Femenino y de la Fundación Eva Perón. Fue declarada oficialmente y de manera póstuma "Jefa Espiritual de la Nación" en 1952. Falleció el 26 de julio de 1952.

Eva Perón tenía al Parte de los trastornos de amor en el mismo grado que Saturno, quien además de reprimir la natalidad, le trajo un hombre 24 años mayor que ella, algo absolutamente normal cuando se activa Saturno en temas de amor, pero en este caso, la intervención del Parte de los trastornos, la trastorno para el resto de su vida. Porque todo lo de Eva y de su marido, fue un trastorno descomunal del cual no se han podido librar los argentinos hasta el día de hoy.

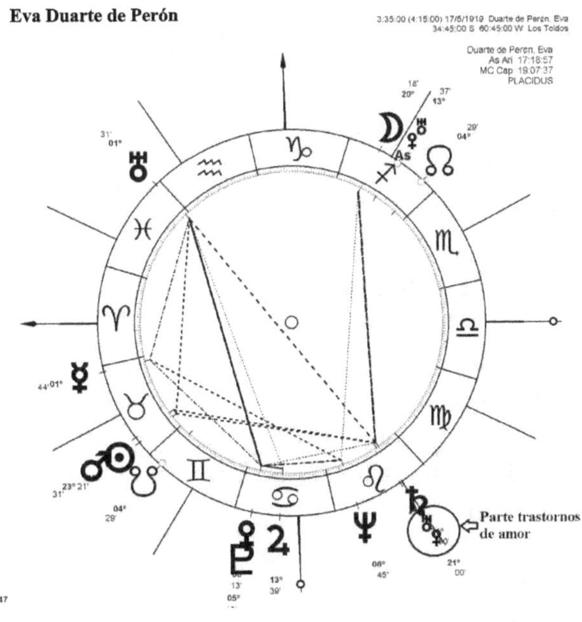

Lo peor de todo lo que he visto es cuando el Parte de los trastornos de amor se coloca junto a Neptuno, entonces tenemos un lío descomunal garantizado a causa de esa relación sentimental totalmente anómala, ilegal y secreta —hasta que se descubre— como le ha pasado el rey emérito, que nació en Roma, 5 de enero de 1938, fue el rey de España desde 1975 hasta 2014, cuando abdicó la Corona en su hijo Felipe VI.

Continúa teniendo el título de rey con carácter honorífico además de ser capitán general de las Fuerzas Armadas en la reserva. En 1962 se casó con Sofía de Grecia, tras unos discretos primeros años de matrimonio, la relación de don Juan Carlos y doña Sofía saltó por los aires cuando comenzaron las infidelidades del rey.

El Parte se extrae del arco de separación de Venus a Urano y se añade al Ascendente.

El rey emérito, **Juan Carlos I**, tiene el ya mencionado Parte arábigo de los trastornos de amor, la "señal de tráfico astrológica", junto al planeta Neptuno, que indica zona de "amores locos". entonces en su caso es como cuando ibas por una carretera secundaria

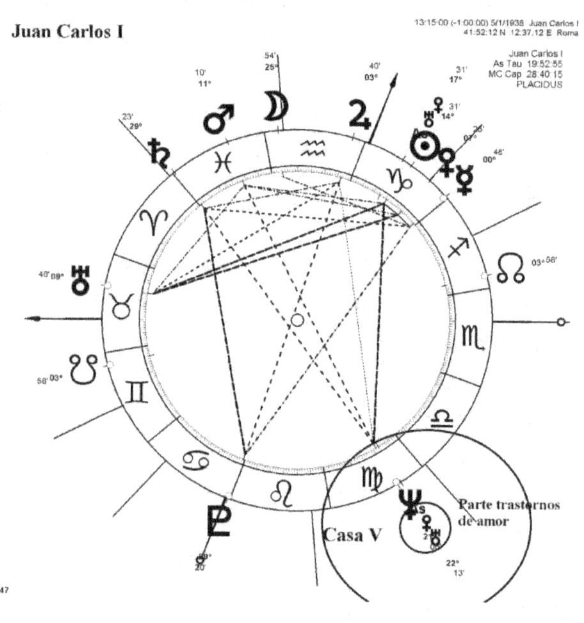

por la noche y aparecía al lado de la ruta un establecimiento con luces rojas de neón y la imagen del conejo de Playboy. —Si detienes el vehículo ahí: ¿A qué vas?—

Se puede resumir que cuando el Parte arábigo de los trastornos de amor se ubica junto a un planeta personal, tenemos un trastorno relacionado con la vida sentimental. Y eso es algo que también puede ocurrir en la carta de la revolución del año. Por ello conviene estar atentos para evitarlo, pues las heridas de amor son muy dolorosas y pueden causar trastornos desagradables y penosos.

Parte de los trastornos mentales Asc+ Urano-Luna

El Parte de los trastornos mentales se extrae del arco de separación entre Urano y la Luna y se añade al Ascendente.

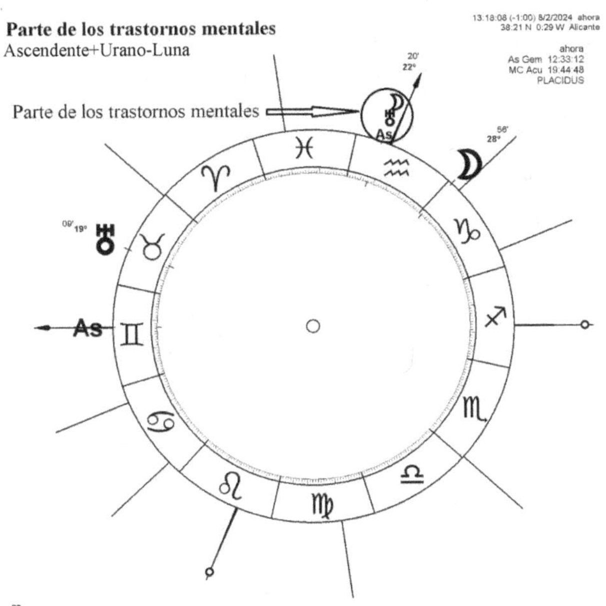

Todos tenemos el Parte de los trastornos mentales en algún lugar de nuestra carta natal o en nuestra revolución solar anual, todos podemos tener un trastorno mental transitorio en cualquier momento, negarlo es un mal síntoma, a todos, en algún momento de nuestra vida nos llega el atacir de Urano hasta el lugar donde tenemos la Luna, y eso causa algún tipo de trastorno, el trastorno es más notable si eso ocurre en los atacires de un grado un año, que te quedas más de un año trastornado/a, pero también puede ocurrir durante la revolución del año donde los atacires se mueven un grado por día y la influencia del atacir de Urano sobre la Luna se puede dejar notar a lo largo de dos o tres días.

Y como es de imaginar, el trastorno es más notable e identificable cuando el Parte se coloca sobre Mercurio, entonces el trastorno mental está asegurado. Y eso es así porque cuando el atacir de Urano llega a la Luna, que siempre refleja un imprevisto o un encuentro inoportuno que altera la mente, el trastorno se hace evidente.

Tener un trastorno no es cosa baladí, ser una persona que padece trastornos mentales no es nada agradable, conozco varios casos de personas conocidas por mí que tienen el Parte de los trastornos sobre el planeta Mercurio, son personas que padecen un trastorno mental manifiesto, y los trastornos mentales no afecta sólo a las personas que los padecen, que son capaces de suicidarse, sino que son capaces de hacer daño con violencia a sus seres cercanos.

He buscado dos ejemplos adrede, Cristina Fernández y Néstor Kirscher, uno detrás de otro, primero ella y luego el otro.

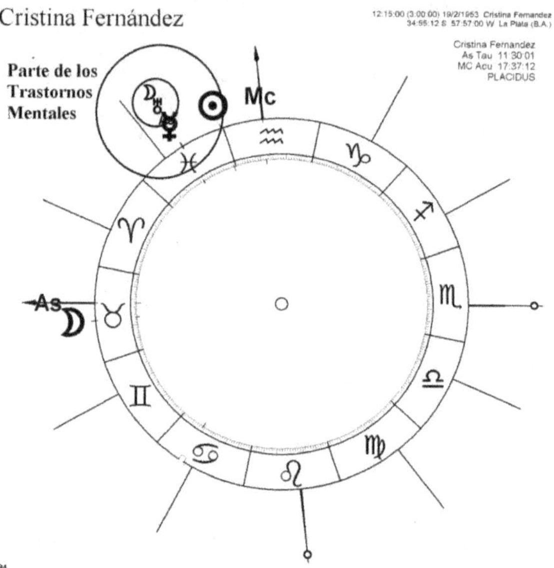

Cristina Fernández de Kirchner nació 19 de febrero de 1953 abogada y política argentina, presidenta 2007 y el 2015 y vicepresidenta del 2019 al 2023. Fue primera dama de la Nación del 2003 al 2007, diputada y senadora nacional en representación de las provincias de Santa Cruz y Buenos Aires. Es líder de la coalición política Unión por la Patria.

Los trastornos mentales pueden resultar igual de contagiosos que las enfermedades infecciosas propias de Neptuno o las enfermedades víricas, que son de Plutón.

El problema de los personajes del tipo Cristina Fernández es que durante un tiempo gobiernan, y se transforman, durante un tiempo, en Juicio General de un país, anulando el juicio de los gobernados por ellos y contagiádolos del trastorno mental que ellos padecen.

Lo curioso es que su marido, Néstor Carlos Kirchner un abogado y político argentino, nacido el 25 de febrero de 1950 en Argentina, presidente de esa nación del 2003 al 2007, también tenía el Parte de las Enfermedades mentales sobre Mercurio.

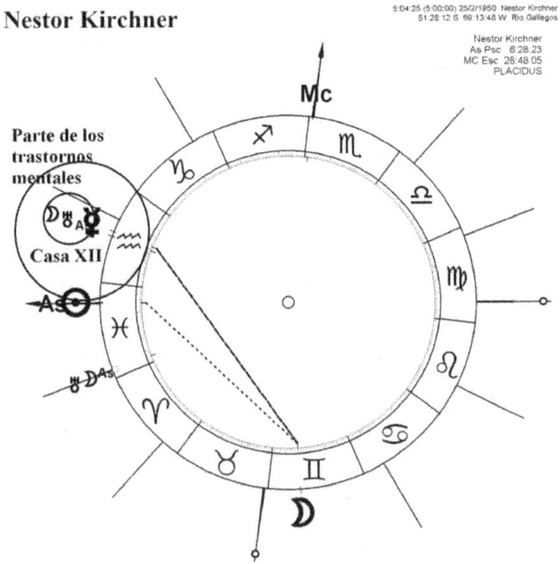

Néstor Kirchner tiene el Parte de los trastornos mentales junto a Mercurio en Acuario en la Casa XII, el escenario donde campan a sus anchas los enemigos que te dañan de verdad. Mercurio en Acuario se podría escenificar como la actuación del hijo Máximo, que es Acuario, trastorno transitorio con resultado fatal.

Tanto una como el otro han sido Juicio General de Argentina, dos personas con un trastorno mental que han tenido el destino de sus habitantes en sus manos, como resultado de ello, un país que tiene todos los recursos del mundo, que se comparaba a los EEUU de sur, uno de los países más ricos y productivos de mundo, a causa de trastorno mental de estos gobernantes y sus ideas, se han transformado

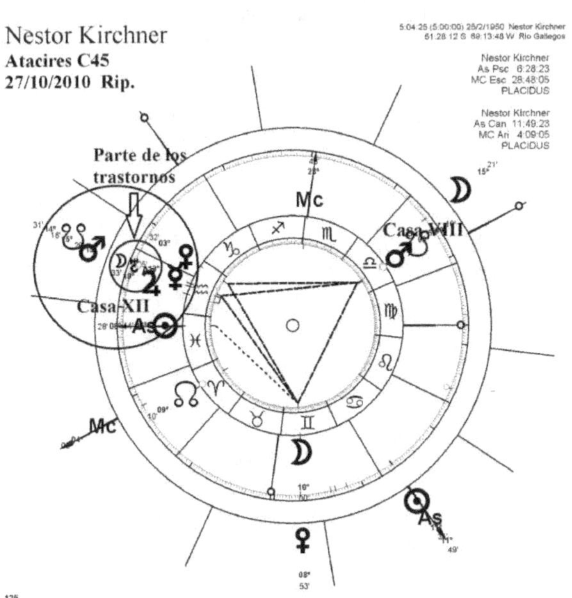

junto a Venezuela, en un país, pobre, casi miserable y resentido. Mira tú si son malos los trastornos mentales cuando nos afectan a causa de los gobernantes. Y fíjate lo importante que es conocer el Parte de los trastornos.

El día de la muerte de este Néstor, el atacir de Marte, que además de su naturaleza esencial de matar, viene de la Casa VIII, donde se "traman" todas las muertes, un Marte débil y traidor, dispositado, es decir, a las órdenes de Venus. Un Marte que arrastra consigo al Nodo Sur, una puerta que se cierra tras su muerte, no diré más. En el último trastorno se acabó su vida, vete a saber tú qué fue lo que ocurrió.

Por último conviene saber que el Parte de los trastornos en la revolución solar, si se ubica sobre Mercurio o cualquier planeta personal, puede causar trastorno mental transitorio y eso es algo que se puede evitar usando la técnica de las relocaciones.

Parte arábigo de las obsesiones Asc+Sol-Plutón

Este parte se extrae del arco de separación entre el planeta Plutón y el Sol y se añade al Ascendente. Para entenderlo podemos imaginar lo que puede ocurrir cuando al llegar el atacir de Plutón al lugar del Sol, el atacir del Ascendente llegará al lugar del Parte de la Obsesiones, y los asuntos de esa Casa y el planeta con que se conecte por conjunción o aspecto señalará el tipo de obsesión de cada persona.

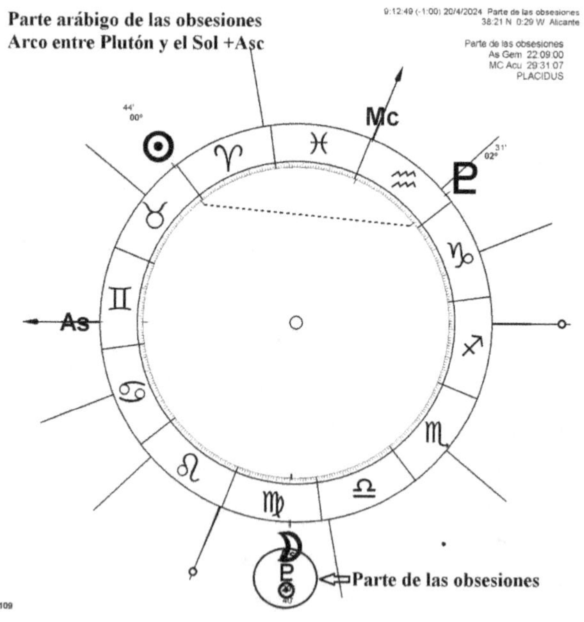

Para entenderlo podemos imaginar lo que puede ocurrir cuando al llegar atacir de Plutón al lugar del Sol, en ese mismo momento, el atacir del Ascendente llegará al lugar del Parte de la Obsesiones, y los asuntos de esa Casa y el planeta con que se conecte por conjunción o aspecto señalará el tipo de obsesión de cada persona.

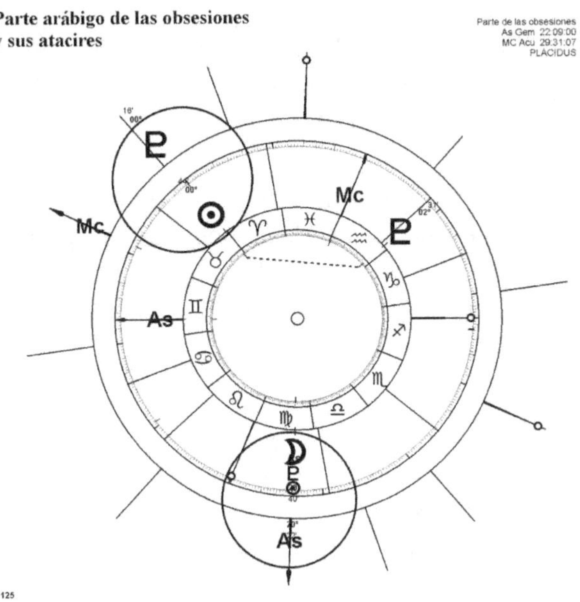

Parte arábigo de las obsesiones y sus atacires

La obsesión es una perturbación provocada por una idea fija recurrente, un pensamiento que vuelve una y otra vez y que afecta y condiciona las actitudes de quien las padece.

Silvio Berlusconi nacido en Milán, Italia el 29 de septiembre de 1936, fue un político, empresario, inversor, periodista deportivo

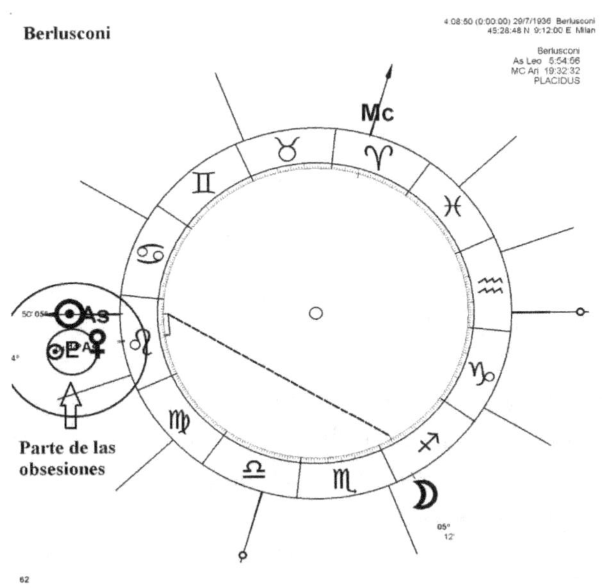

Berlusconi

Parte de las obsesiones

y magnate de los medios italiano, tuvo múltiples relaciones amorosas, falleció el 12 de junio de 2023.

El archiconocido político italiano tiene el Parte de las obsesiones junto al planeta Venus, de ahí que el pobre hombre esté obsesionado con las personas de Venus, que casi siempre le cuestan dinero, porque tiene el Parte y Venus en la Casa II.

Cuando el Parte de las obsesiones se localiza sobre la Luna, la influencia obsesiva del Parte se nota muchísimo, puede salir por el tema de la alimentación o por la mujeres.

Mi tío Vicentín tenía la Luna en conjunción partil con el Parte de las Obsesiones, era un obsesionado de la alimentación vegetariano crudívoro que no tomaba lácteos ni huevos, ni sal, y practicaba la trofoterápia, tenía la Luna en Escorpio con el Parte en conjución y al final su obsesión lo llevó al suicidio.

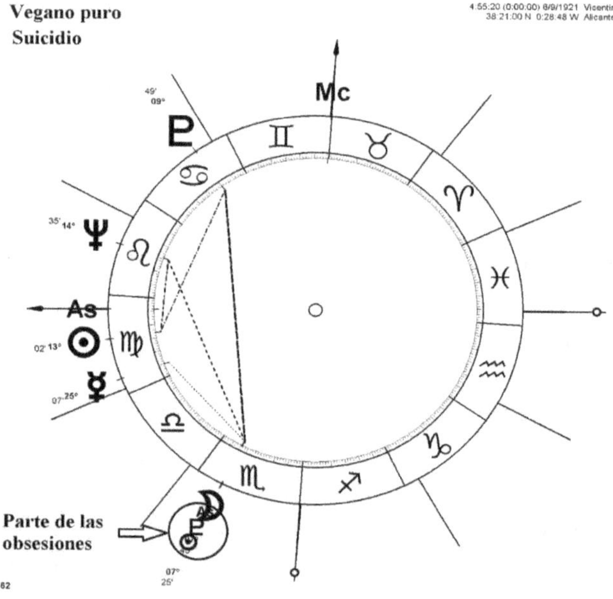

Steve Jobs, en ese sentido era igual que mi tío, un maníaco de la alimentación, según su biografía oficial, aprendió desde una temprana edad que podía desarrollar un estado de euforia al no comer durante largos períodos de tiempo. Fue vegetariano la mayor parte de su vida, e incluso se hizo vegano en ciertos momentos, pero sus comidas siempre eran pequeñas y sencillas. Era muy quisquilloso, y si los alimentos no eran de su agrado, por una razón u otra, también podía llegar a ser cruel con camareros, chefs e incluso con los gerentes de restaurantes. Siendo estudiante dejó la carne, "vivió" un tiempo de cereales, dátiles, almendras y zanahorias. Además de las carnes y proteínas tradicionales, también renunció al pan, los granos y la leche. Comenzó a ayunar durante dos días seguidos, y a veces hasta una semana. Rompería el ayuno con verduras de hoja y agua.

Como se puede observar, tenía a la Luna en el mismo grado que el Parte de las obsesiones, y estaba obsesionado con la comida, y al final murió de cáncer de páncreas que pudo ser tratado, pero él, con su obsesión, no se lo permitió y murió a la misma edad que mi tío el vegetariano.

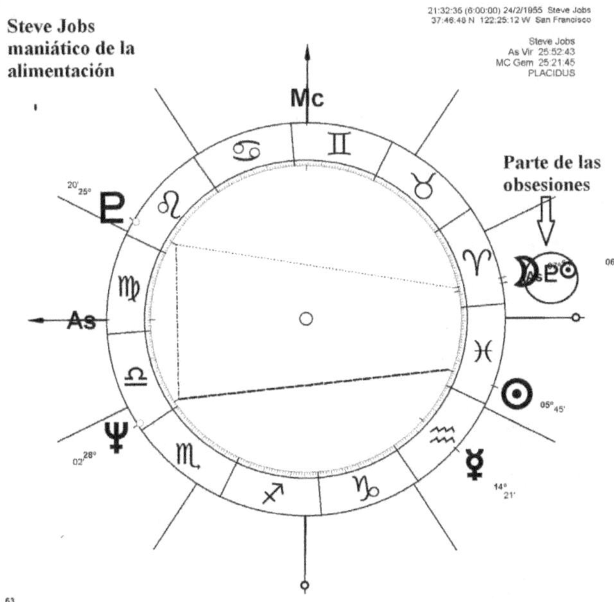

En otros casos en que la Luna está junto al Parte de las obsesiones, la influencia puede derivar hacia la propia mujer y por una madre que murió pronto o que nunca conoció.

Las posibilidades son muy variadas, lo más claro, al igual que los demás Partes, es la Casa en la que se ubica el Parte, si está en la Casa II el tema recurrente tiene que ver con el manejo del dinero, con muchas experiencias en este sentido, mientras que si está en la Casa VIII siempre hay una experiencia de una muerte personal, como un accidente, que deja una profunda huella y obsesión por el tema de la muerte. Finalmente el Parte de la Obsesión tiene un componente de Plutón cuya naturaleza es señalar el final de las cosas.

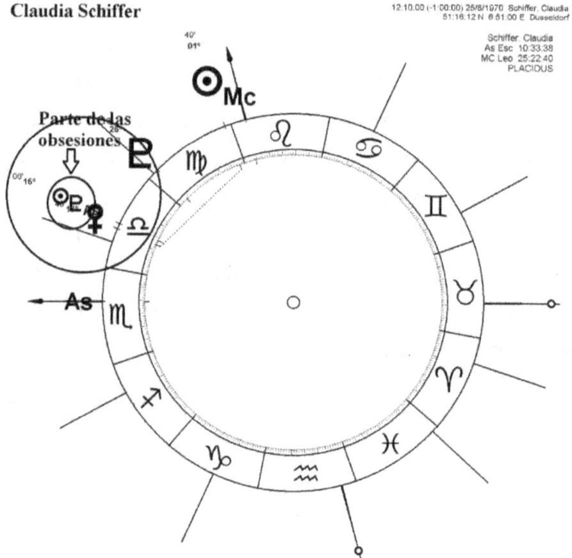

Claudia Schiffer nació el 25 de agosto de 1970, Schiffer fue la primera modelo en aparecer en las portadas de *Vanity Fair*, *Rolling Stone* y *The New York Times*. También apareció en numerosas ocasiones en las portadas de *Vogue*, y otras importantes revistas. Schiffer ha aparecido en varias películas y videos musicales.

Nicole Kidman nació en Hawai, 20 de junio de 1967 es actriz, y productora; ha recibido numerosos premios, incluidos un Premio Oscar, un Premio BAFTA, un Premio del Sindicato de Actores, dos Premios Primetime Emmy y seis Globos de Oro. Ha aparecido tres veces en los rankings anuales de las actrices mejor pagadas del mundo y fue nombrada por la revista *Time* como una de las 100 personas más influyentes del mundo en 2004 y 2018.

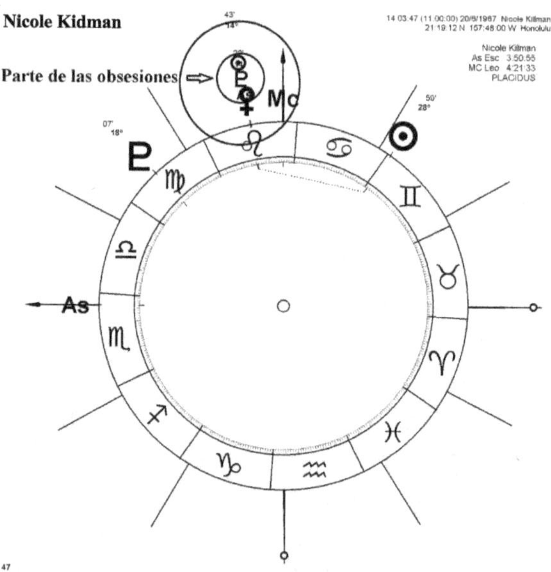

El Parte de los enemigos

Se extrae del arco de separación entre Marte y Saturno y se añade al Ascendente, y también al contrario, el arco entre Saturno y Marte y se añade al Ascendente.

Albubater le llamaba directamente el Parte de los Enemigos, y dice:

"Cuando la Parte de los Enemigos libre de Infortunas estuviere en alguno de los ángulos, y también su regente, el nativo se enemistará con los hombres poderosos y más fuertes que él, y le vendrá daño y fatiga, y esta significación será más fuerte si el regente del Ascendente fuere infortunado".

Estos aforismos son un poco complicados pero muestran la importancia del Parte de los enemigos y su naturaleza tóxica. Hay otros otros aforismos más fáciles de comprobar, como los siguientes:

Cuando la Parte de los Enemigos estuviere en las Casas III, V, IX, o XI, los enemigos del nativo no tendrán éxito sobre él. Y esta significación será más fuerte si dicha Parte estuviere en Casa III o IX, pues entonces los enemigos del nativo serán religiosos o de poca monta."

Si me fijo en mí mismo que tengo el Parte de los Enemigos en la Casa III constato que tengo enemigos de poca monta, bocazas que mascullan como los perritos pequeños pero que no pueden morder, les llamo jauría de caniches, así lo vivo.

Aunque no hay que fiarse del todo de estos aforismos porque JF Kennedy y Alberto Nismman también y al final sus enemigos acabaron con sus vidas. Tendré que cuidarme.

Alberto Nisman nació en Buenos Aires, Argentina el 5 de diciembre de 1963 fue un abogado que alcanzó notoriedad por su intervención como fiscal en las causas vinculadas al atentado a la AMIA y como denunciante en la causa sobre Memorándum de entendimiento Argentina-Irán y amenazas de muerte contra él y su familia. El domingo 18 de enero de 2015 Nisman fue encontrado muerto con un disparo en la cabeza, en el barrio de Puerto Madero donde vivía.

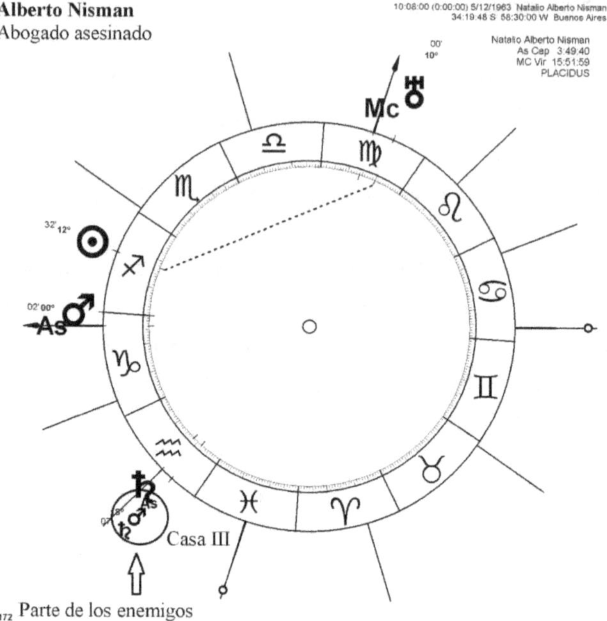

La muerte de **Alberto Nisman**, ocurrida en Buenos Aires, tuvo todos los ingredientes de una novela de espionaje. Por ello no sorprende que, cinco años después del hecho, el caso se haya convertido en una miniserie de *Netflix*.

Este hombre actuando como fiscal presentó una grave denuncia contra la presidenta de un país, acusándola de traición a la patria, y horas antes de testificar ante el Congreso fue hallado sin vida en su departamento, con una bala en la cabeza.

En 2007, logró reunir suficiente evidencia para solicitar a la Interpol la captura de cinco exfuncionarios iraníes de alto rango.

Ocho años más tarde, ese fatídico enero de 2015, sorprendió a todos cuando acusó a Fernández de Kirchner —esposa y sucesora de quien lo nombró— de encubrir a esos sospechosos a través de la firma de un "memorándum de entendimiento".

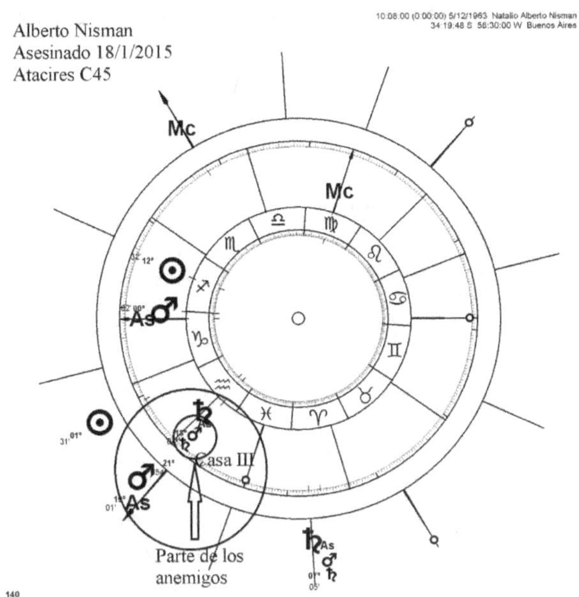

En el ciclo de 45 años, el reloj de las muertes asistidas, el atacir del Ascendente llegaba al Parte de los enemigos en su Casa III, donde salen a escena los "colegas" de cada persona. Lo que da para pensar que fue asesinado por sus propios colegas que eran "personas tóxicas".

Decía Albubater: *"Cuando la Parte de los Enemigos estuviere en la Casa XI, los amigos del nativo se convertirán en enemigos suyos.* —O lo que es lo mismo, los amigos pueden ser personas tóxicas.

Un caso fácil de entender es el de Donald Trump, que nació en Nueva York el 14 de junio de 1946, es un empresario, y político conservador estadounidense que ejerció como presidente de los Estados Unidos de América del 2017 hasta el 2021. Se encuentra entre las personas más ricas del mundo. Pese a que Trump perdió el voto popular por aproximadamente 3 millones de votos, logró ganar las elecciones generales de 2016 contra Hillary Clinton, debido a su victoria en el sistema del colegio electoral, y accedió a la presidencia. En 2018, enfrentó un escándalo político conocido como "Stormy Daniels-Donald Trump" que involucró un acuerdo de confidencialidad firmado por el abogado personal de Donald Trump, Michael Cohen, y la actriz de cine pornográfico Stormy Daniels justo antes de las elecciones presidenciales de 2016 en los Estados Unidos.

Donald Trump tiene a Venus en Cáncer en la Casa XI en conjunción con el Parte de los enemigos.

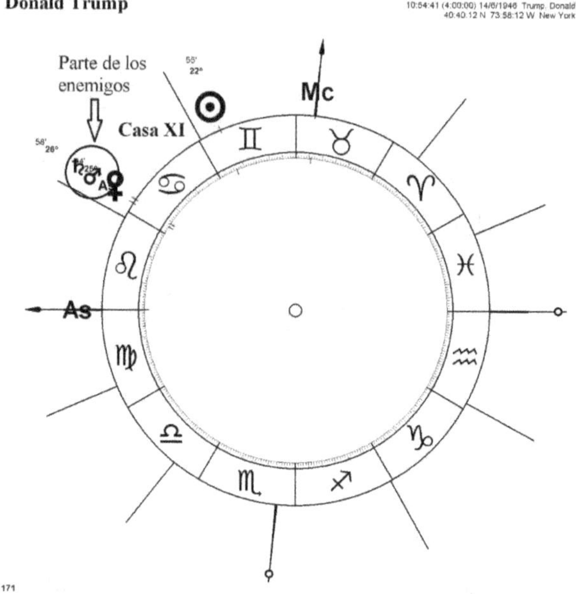

Venus y Cáncer en la Casa de los amigos, refleja claramente a ciertas mujeres, y parece evidente que Donald Trump tiene a varias mujeres "amigas" que son tóxicas y le dañan todo lo que pueden.

Albubater nos deja toda una colección de aforismos sobre este Parte de los enemigos.

"Y si estuviere en la Casa V, serán sus hijos enemigos de él."

Al realizar un estudio de casos usando mi archivo personal, donde están las personas de mi familia, mis amigos y las conocidas por mí, me sorprende que casi el cincuenta por ciento, son personas que no han tenido hijos, y como contraste uno que tiene este Parte en la Casa V y tiene trillizas. –Eran terribles las nenas. Mi amigo Ricardo, que así se llama, iba de cabeza con las tres nenas. No eran enemigas, ni malas, pero eran tóxicas para él, un hijo único y mimado. Lo hicieron sufrir lo que no está escrito.

Otro amigo que también tiene este Parte en la Casa V, sufrió lo indecible a causa de uno de sus hijos que padecía una enfermedad de difícil curación. Y otros que han perdido la patria potestad de los hijos o hijas.

Una última serie de aforismos de Albubater dice:

"Y si estuviere en las Casas II, VI, VIII, XII, el nativo tendrá pocos enemigos y no le dañarán, a no ser que el regente de dicha Parte fuere Infortuna y el regente del Ascendente, e infortunare dicha Parte."

La Parte infortunada quiere decir estar regida por Saturno o Marte y recibir malos aspectos de ellos.

Sigue Albubater:

"Hay que observar que la enemistad será de la naturaleza de la Casa en que estuviere dicha Parte; si estuviere en Casa II, la enemistad será a causa del dinero. Si en la VI, a causa de los siervos. Si en la VIII, a causa de herencia. Si en la XII a causa del odio (envidias).

Revisando un poco los personajes conocidos que se puede consideran que han sido víctimas de la envidia, o mejor personas envidiadas, aparecen mujeres como Marlene Dietrich, Eva Braun, Maria Félix, y más cercanas en el tiempo tenemos a Sharon Stone, Isabel Preysler, Melania Trump o la Pelosi, no sé cuál de las dos es más envidiada y tiene peores enemigos. Entre los hombres envidiados aparece Jonny Travolta, Amancio Ortega el de Inditex, Mark Zuckemberg el jefe de las redes y Uribe de Colombia, que le tienen tanta envidia que no pueden con él.

En otro aforismo dice:

"Cuando el regente del Parte de los Enemigos se aplicare en buen aspecto al regente del ascendente, los enemigos del nativo se harán sus amigos, y serán humillados en su presencia. Si Dios quisiere, etc."

Lo que parece claro es que la Casa donde se ubica el Parte es la zona de la vida donde se pueden esperar enemistades o persona tóxicas y eso es mucho más notable cuando el Parte se ubica a menos de dos grados de un planeta, si eso ocurre con el Sol en Casa IV entonces hay que pensar en un padre que no fue correcto y que tras el padre se esconde un oscura historia que dañó a la persona en su momento, si eso ocurre en la Casa III es más débil la influencia y queda en daño que provoca un hermano o un amante, o las dos cosas, o los colegas y compañeros, los personajes de la Casa III, serán que hacen todo el daño que pueden. Si está junto al Sol en la XII serán los directores de Banco los peores enemigos y así por Casas es fácil deducirlo.

El Parte de los enemigos ocultos

Otra forma de conocer a las personas tóxicas es usando el Parte de los enemigos ocultos. Este Parte se extrae del arco de separación entre el regente de la Casa XII y la cúspide de dicha Casa y se añade al Ascendente, de tal manera que cuando el atacir del planeta regente de la Casa XII, sea el que fuere, llegue a la cúspide de la Casa XII, el atacir del Ascendente estará llegando al lugar donde está el Parte de los enemigos secretos y si allí hubiera un planeta a menos de dos grados, señalaría a las personas que nos hacen daño a nuestras espaldas y son especialmente tóxicas, porque pueden ser parientes cercanos o personas de confianza.

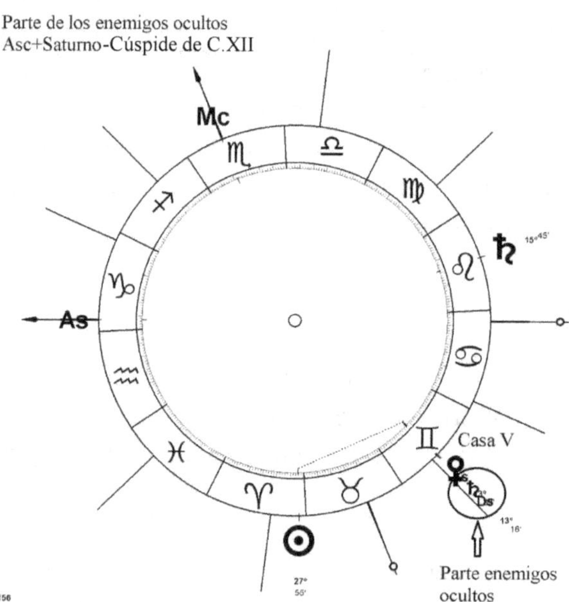

Cuando el Parte de los enemigos ocultos se ubica a menos de dos grados de un planeta de nuestra carta natal, nos delata a las peores personas tóxicas, las calumniadoras o las que están al acecho para perjudicarnos en cualquier momento. La única defensa es la que se hace como con el fruto del tejo, no tocarla ni probarlas, nunca fiarse de ellas porque son las personas más dañinas para nosotros.

Las personas a través de las cuales se escenifica la influencia de dicho planeta, serían el enemigo oculto del cual uno se debe guardar.

A veces te encuentras con tristes sorpresas cuando descubres quiénes son tus enemigos ocultos.

El parte de los contagios

El Parte de los contagios se extrae del arco en Saturno y Neptuno y se añade al Ascendente.

Este Parte, por su posición en las Casas señala el ambiente que propicia los contagios. Casa XI; celebraciones y comidas con amigos.

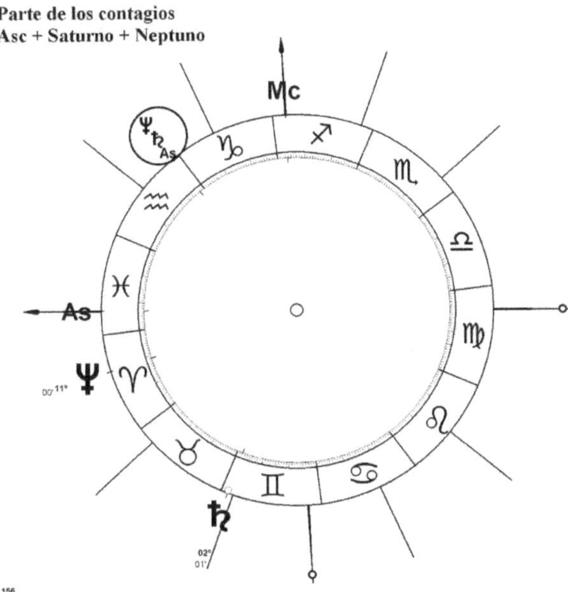

Capítulo III

Personas tóxicas que alteran nuestra salud mental

Las alteraciones de la salud mental que nos causan las personas tóxicas con las que estamos en obligado contacto

El resultado de nuestras relaciones con las demás personas de nuestro entorno se puede observar desde diferentes ópticas, si las analizamos bajo la óptica astrológica podremos asociar con suma facilidad la relación existente entre nuestro estado de ánimo y nuestra salud, y el trato habitual con las personas con las que estamos obligadamente en contacto.

Lo más evidente de este tipo de influencia astrológica ejercida a través de otras personas que afectan de un modo directo a nuestra salud, es en primer lugar nuestra propia madre, el primer alimento y quién nos dejará una profunda marca en nuestros gustos por unos tipos determinados de alimentos y también dejará profunda huella en nuestra capacidad para recibir y demostrar afecto, esa influencia podrá ser para mejorar la salud o para enfermar, depende de la configuración de la Luna de nacimiento en cada uno de nosotros.

La Luna y la madre forman una unidad indisoluble, y según tengamos a la Luna en nuestro nacimiento en un lugar o en otro, con una configuración u otra, así tendremos una tendencia saludable o no a la hora de elegir alimentos.

Por otro lado, a lo largo de nuestra vida siempre habrá alguien que ejercerá el papel de madre y será quien nos cocine los alimentos que ingerimos, que son la base de la salud, esa persona puede ser el cocinero del restaurante donde vamos a comer habitualmente y ese cocinero nos dará salud o enfermedad, ese es un personaje que puede ser saludable o tóxico, igual que la madre.

La Luna, la madre, las emociones y los sentimientos también forman una unidad indisoluble y todo ello afecta a nuestra salud emocional que es tan importante como la física, y a veces es más doloroso un disgusto emocional que un dolor de barriga.

La Luna, el estómago, los alimentos y los sentimientos juegan, en el partido de la vida, en el mismo equipo, todo se mezcla, un disgusto con un dolor de estómago, por eso conviene saber que la influencia astrológica puede actuar a través de otra persona que puede ser al principio la madre y después a cualquier otro que sustituya a la madre, como puede ser una buena amiga, en el caso de la mujeres, o la propia pareja si eres hombre, y que puede ser el origen de una enfermedad.

El trato con los demás nos aporta felicidad, también amarguras y enfermedades, esa es la clave de buena parte de la influencia astrológica. Depende de cómo te trates con la Luna, es decir, con tu madre, o con tu mujer, o con tu tía o tu amiga a la que quieres tanto, así te sentirás emocionalmente y así tenderá a estar el estado de salud de tu aparato digestivo.

Influencia del Sol, Júpiter y Saturno

El Sol, Júpiter o Saturno suelen escenificar su influencia a través de nuestra relación con el padre o con aquellas personas que de un modo u otro tienen autoridad sobre nosotros. Y así cada uno de los planetas, puede dejar fluir su influencia a través de las personas con las que estamos obligada o accidentalmente en contacto.

Personajes que son "el ojito derecho" de cada uno de nosotros, que pueden enfermarnos el corazón, el ojo derecho, el hígado o la vesícula biliar.

El teatro de las Casas

El sistema de observación astrológico abre su abanico de posibilidades en su estructura de las Casas, una forma de observar nuestra vida, como un teatro compuesto por doce escenarios en cada uno de los cuales salen a escena todas las personas con las que estamos obligadamente en contacto, tanto de un modo asiduo, como a causa de relaciones accidentales o pasajeras, y son los actores invitados de nuestra Ópera prima, sin los cuales no sentiríamos nada, no seríamos nada.

Personas obligadamente en contacto

De entre las personas con las que estamos obligadamente en contacto, ya sea habitualmente o de manera accidental, hay algunas que puede resultar tóxicas de manera crónica, es decir, personas que constantemente nos están machacando, que día tras día después de un encuentro con ellas nos sentimos mal, da lo mismo que causen sentimiento de culpa, de torpeza o cualquier cosa que nos cause molestia. Esa persona es tóxica y la relación con ella, a la larga va a cooperar en el desarrollo de una enfermedad, tal como ocurre en los casos de acoso escolar, laboral o *mobbing*.

Personas tóxicas

Se pueden considerar personas tóxicas a aquellos individuos que son capaces de afectarnos negativamente por su proximidad, como los que pueden pasarnos el virus de la gripe o del coronavirus.

Un señor de Honolulu, no nos puede afectar en nada.

Las personas tóxicas son aquellas que te abandonan en las situaciones difíciles o cuando más las necesitas. Son tóxicas las personas que te ponen en situaciones difíciles. Los planetas retrógrados señalan al tipo de personas que nos van a traicionar en el más amplio sentido de la palabra, personas en las que ponemos nuestra confianza y nuestras esperanzas y al final se retiran, se apartan y nos dejan en la estacada. —No es que sean malas personas, pero ¡vaya! ¡vaya!, nos pegan un corte que nos dejan helados nos causa trastorno emocional, psicológico o social.

Cuídate de los planetas retrógrados y las personas a través de las cuales se puede filtrar su influencia. Nunca confíes plenamente, ni cuentes tus secretos a las personas asociadas con los planetas retrógrados. Es lo único que se puede hacer. Planetas retrógrados puede haberlos en la carta natal, señalando a las personas tóxicas que no se les nota casi nada y son de las peores, y también puede haber planetas retrógrados en la carta de la revolución solar del año, señalando a las personas que nos pueden traicionar o no cumplir con las perspectivas que nos hacemos con ellas.

Hay personas que, para cada uno de nosotros, son igual que personas infectadas que te pueden trasmitir una enfermedad, por eso conviene guardarse de ellas, como te guardas de comer los rojos y vistosos frutos del tejo —el toxo— que es de donde viene la palabra tóxico.

Las personas tóxicas están por todas partes, las hay de presencia constante, como puede ser una madre, un padre o un hermano, un jefe, un amigo o un compañero de trabajo. Judas era un amigo tóxico de Jesús.

Reconocer a las personas tóxicas

Para reconocer a las personas tóxicas conviene saber qué significados tienen las Casas astrológicas, o escenarios de la vida, donde saldrán a escena todas y cada una de las personas con las que estamos obligadamente en contacto, incluyendo a las personas tóxicas.

Los doce escenarios de la vida y las personas que actúan en ellos se pueden viualizar en el gráfico siguiente:

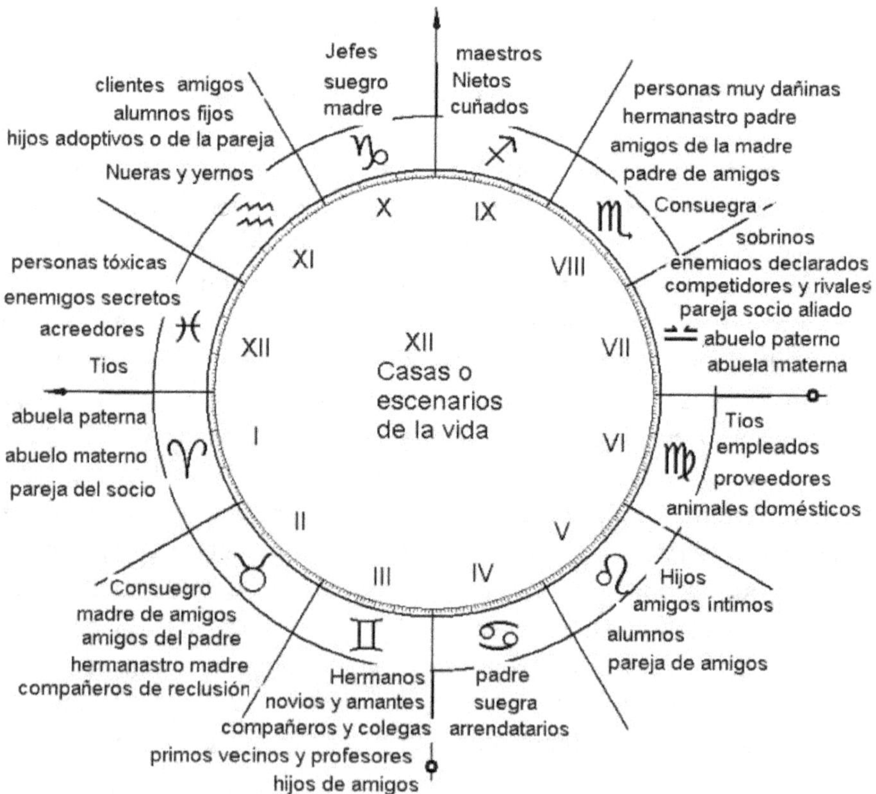

Casa I.- Abuela paterna, abuelo materno, pareja del socio.

Casa II.- Consuegro, madre de amigos, compañeros de reclusión.

Casa III. Hermanos, novios, compañeros y colegas, primos, vecinos.

Casa IV.- Familia al completo. Padre, suegra, arrendatarios.

Casa V.- Hijos, amigos íntimos, alumnos, parejas de amigos o clientes.

Casa VI.- Tíos, empleados, proveedores, animales domésticos.

Casa VII.- Pareja, socio, abuela materna, abuelo paterno, sobrinos, enemigos.

Casa VIII.- Personas muy dañinas, consuegra, hermanastro , padre de amigos.

Casa IX. Maestros, cuñados, nietos, personas extranjeras.

Casa X. Madre, suegro, jefe. Personas que quieren mandar sobre nosotros.

Casa XI.- Amigos, clientes, yernos y nueras, alumnos fijos, hijos adoptivos.

Casa XII. Personas tóxicas, enemigos secretos, acreedores, tíos.

Personas que ponen su Sol en nuestra Casa XII

Las personas que sitúen su Sol dentro de nuestra Casa XII son personas de naturaleza tóxica para nosotros, pero eso no significa que sean malas personas, ni mucho menos.

Cuando vas al banco y el director te dice que te han aprobado el crédito, que ya puedes disponer del dinero que necesitabas para tu negocio o tu casa, el director es una bellísima persona que te hace sentir alegría y satisfacción. Y no deja de ser una persona tóxica.

Personas tóxicas sociales

Decididamente el director del banco es una buena persona. Pero a causa de los reveses de la vida, si no puedes pagar la hipoteca y viene el director del mismo banco y te desahucia, cuando quizás podría no hacerlo. Por eso los directores de banco son por sí mismos personas tóxicas de las que hay que cuidarse mucho.

De igual modo hay que guardarse mucho de las personas cuyo Sol se localice en nuestra Casa XII, porque al final siempre son las que nos pueden hacer daño, que no quiere decir que siempre nos hagan daño.

Personas tóxicas de Casa VIII

Las personas que colocan su Sol en nuestra Casa VIII formando malos aspectos con nuestro Sol o la Luna, pueden ser personas muy dañinas, peor que tóxicas. Si no forman malos aspectos no lo son tanto, "se pueden comer".

Eso tampoco significa que sean malas personas, ni mucho menos, suelen ser las personas que nos gustan mucho, por las que podemos sentir una atracción que puede ser fatal, dañina o que nos hará sufrir de un modo u otro.

Sol en XII y Sol en VIII

Y si un día te encuentras en una situación en la que dependes de dos personas tóxicas, una que te coloca su Sol en la XII y otra persona su Sol en tu VIII, entonces, notarás que estás perdido, que pierdes todo, que te dañan, te roban, te expulsan o te quitan de en medio y dejan en estado de depresión.

Un par de personas tóxicas y dañinas pueden ser el origen de una enfermedad, igual que las enfermedades infecciosas —Tóxicos.

Las personas tóxicas no son en sí mismas malas, se vuelven tóxicas cuando tenemos que relacionarnos obligadamente con ellas o bien cuando asumen un poder sobre ti, algo que te puede ocurrir con un hermano, un jefe, tu madre o tu pareja. Se nota que son tóxicas porque te hacen sufrir.

El constante contacto con ese tipo de personas acaba por provocar una "inflamación", una zona que escuece, que puede colaborar al desarrollo de una enfermedad o bien provocar malestar anímico que crea disgustos que pueden ser un allana caminos para la enfermedad física o mental.

Pareja tóxica

Conozco varios casos que tienen a la pareja como persona tóxica. El primero es una señora abogada que se casó con un hermoso Piscis de ojos azules.

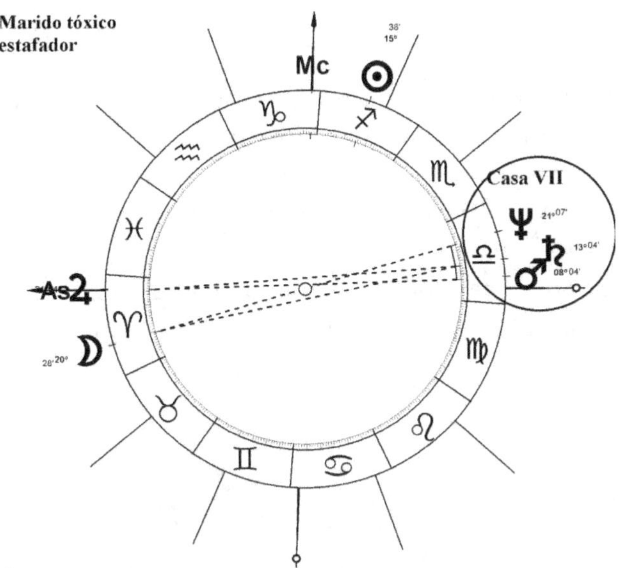

Su marido la estafaba firmando con cheques falsos y gastándose el dinero de la manera más variopinta. Hasta que un día la abogada se dio cuenta lo denunció y le pidió el divorcio y la pérdida de la paternidad.

Otro caso de ellos tiene a Marte y Neptuno en la Casa VII opuesto al Sol en la Casa I. Su experiencia de pareja fue terrible, casi le supuso una enfermedad.

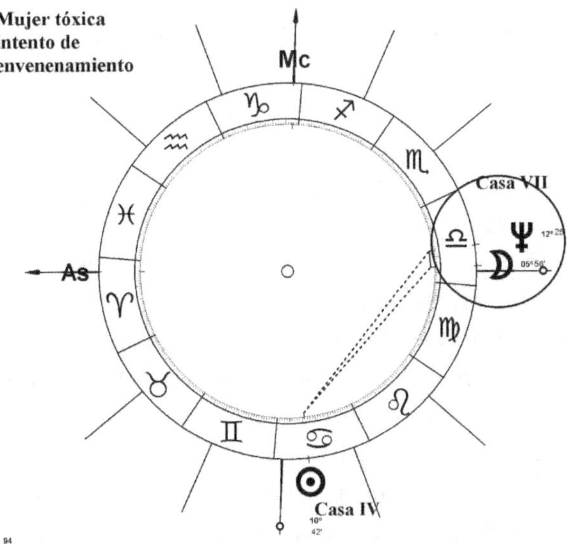

Otro caso tenía a Neptuno junto a la Luna en la Casa VII formando cuadratura con el Sol y su mujer era tan tóxica que intentó envenenarlo.

Hijo tóxico

Hay quién tiene un hijo tóxico, que no quiere decir que sea mal chico, pero que es una persona que le provoca disgustos y malestar anímico. Un caso claro del sufrimiento psicológico causado por una persona tóxica, es el caso del rey Juan Carlos I y el modo que vive su relación con sus yernos y su nuera la reina Letizia.

Veamos cómo se representa a un personaje tóxico en la carta del cielo de nacimiento, usando la carta de D. Juan Carlos I.

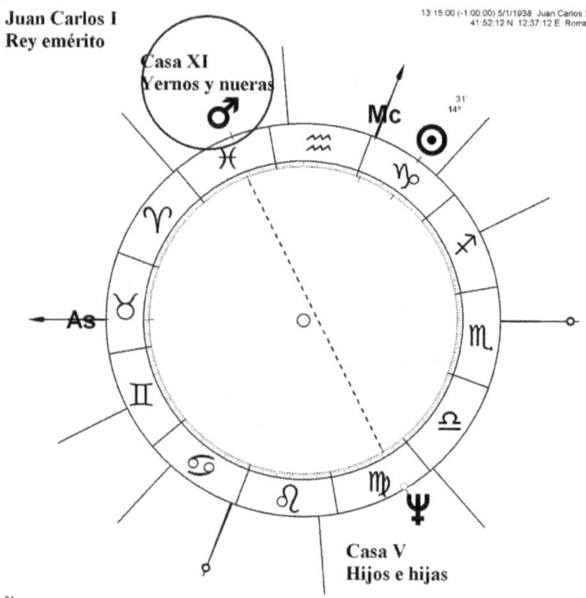

Marte en la Casa XI, el escenario de los yernos y de la nuera, está en el signo de Piscis, "mal recibido", formando oposición con un Neptuno en Virgo de la Casa V, que representa a los hijos y las hijas.

En el caso del rey emérito, Marte en la Casa XI en el signo de Piscis formando oposición con Neptuno, este sería un prototipo del tipo de persona que puede resultar tóxica, es decir, perjudicial o dañina para el equilibrio psicológico o directamente para la salud.

En la Casa XI, además de los amigos y los clientes, están los yernos, la pareja de las hijas, y también las nueras, es decir las parejas de los hijos. No pretendo decir que todos los yernos del rey son tóxicos para él, pero no se puede decir que su relación con ellos les haya aportado muchas alegrías, sino todo lo contrario, y aún queda historia por escribir.

¿Cómo reconocer a las personas tóxicas?

Se pueden reconocer las personas tóxicas observando la propia carta del cielo de nuestro nacimiento, donde cada planeta puede escenificar su influencia a través de cualquiera de las personas con las que nos relacionamos, y que han sido expuestas anteriormente.

Tengo un alumno que siempre dice que cada vez que se encuentra con su cuñada, ésta lo martiriza, lo hace sufrir. —En su carta de nacimiento, el planeta Marte está en el signo de Cáncer en la Casa IX, el escenario de los cuñados o cuñadas.

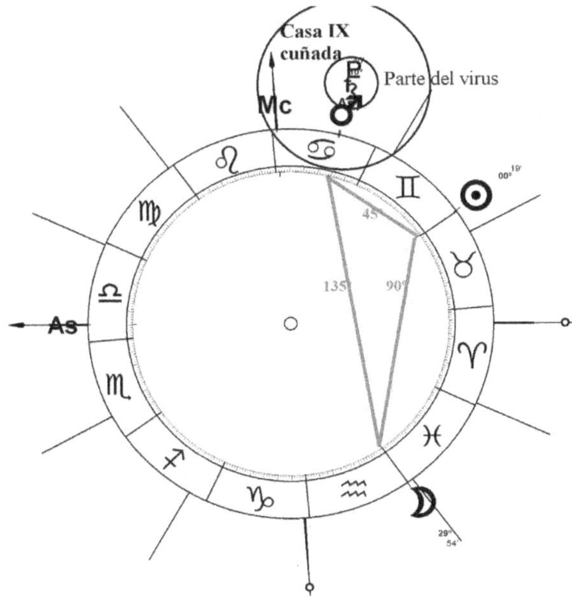

En el año 2021 lo contagió de covid su cuñada. En esta ocasión el Parte de las enfermedades víricas estaba sobre su Marte natal.

Conviene observar en cada caso, cuáles planetas están en peores condiciones o reciben peores aspectos y la Casa donde se ubican, además conviene estar atento a aquellas personas que colocan su Sol en nuestra Casa XII u VIII, pues pueden ser tóxicas o dañinas a la larga.

De este modo descubriremos a muchas de las personas tóxicas en nuestra vida y aprenderemos a guardarnos de ellas y de ese modo preservar nuestra salud emocional, psicológica y física.

¿Qué hacer con las personas tóxicas?

Lo mismo que debemos hacer con los vistosos frutos rojos del tejo, no comerlos, lo que significa que debemos evitar en la medida de lo posible "comerlos", evitar depender de ellos en algo, es decir evitar que tengan algún poder de decisión sobre nosotros, eludir en la medida de lo posible a ese tipo de personas para evitar trastornos en nuestra salud.

Capítulo IV

Dolores del Alma

Trastorno bipolar y el riesgo de suicidio

El trastorno bipolar es una alteración del estado de ánimo que puede provocar cambios de ánimo intensos: en ocasiones pueden sentirse extremadamente "animados", eufóricos, irritables o con energía. Esto se conoce como episodio maníaco. Otras veces puede sentirse deprimido, triste, indiferente o desesperanzado.

El trastorno bipolar está considerado como una enfermedad mental que puede ser crónica (es decir, que es persistente o que ocurre constantemente) o episódica (lo que significa que ocurre ocasionalmente y a intervalos irregulares). Las personas a veces se refieren al trastorno bipolar como "trastorno maníaco-depresivo" o "depresión maníaca", que son términos más antiguos.

El trastorno bipolar (TB) tiene un gran impacto en las personas que lo padecen y una mortalidad por suicidio hasta 20 veces mayor que el resto de la población.

El trastorno bipolar puede ser un factor importante en el suicidio, la pérdida del trabajo, la capacidad para funcionar y la discordia familiar. Sin embargo, un tratamiento adecuado puede dar origen a un mayor funcionamiento y una mejor calidad de vida.

El suicidio es considerado como el mayor problema de salud pública en Europa con una prevalencia de 11,93 casos por 100.000 personas. Los suicidios o intentos de suicidio no son infrecuentes, pero sí se pueden prevenir. Para ello la astrología puede servir de inestimable ayuda.

Hay tres tipos básicos de trastorno bipolar y todos suponen cambios evidentes en el estado de ánimo, la energía y los niveles de actividad.

El trastorno bipolar I, se puede detectar en la carta del cielo de nacimiento, a través de la oposiciones planetarias, en especial la oposición de a Luna con Venus, la de Mercurio y Urano, sin descartar otras oposiciones, y se define por episodios maníacos que duran al menos siete días (la mayor parte del día, casi todos los días) o cuando los síntomas maníacos son tan graves que se necesita atención hospitalaria. Por lo general, también se producen episodios depresivos separados, que suelen durar al menos dos semanas.

El trastorno bipolar II, se puede detectar en la carta de cielo de la revolución anual, y se define por un patrón de episodios depresivos e hipomaníacos, pero son menos graves que los episodios maníacos que ocurren en el trastorno bipolar I, que se corresponden con la carta natal.

El trastorno bipolar tipo III, también denominado ciclotimia, se define por síntomas hipomaníacos y depresivos recurrentes que no son tan intensos ni duran lo suficiente como para calificarlos como episodios hipomaníacos o depresivos. Éstos se pueden analizar a través de los tránsitos planetarios.

Muchas personas con trastorno bipolar también tienen otros trastornos o afecciones mentales, como Trastorno de Ansiedad, TDAH, trastorno de déficit de atención e hiperactividad, consumo indebido de drogas o alcohol, o trastornos de la alimentación. En este tipo de trastornos suele notarse la influencia de Neptuno y la Luna.

Un caso en el que confluyen el trastorno bipolar y el TDAH, es el de Ernest Hemingway. Cuentista estadounidense, considerado uno de los autores más importantes del siglo XX. Su estilo de escritura, conciso y directo, influyó en generaciones de escritores.

La familia de Hemingway inicialmente intentó encubrir el suicidio, describiéndolo como un accidente.

Hay biógrafos que sostienen que su depresión empeoró por el deterioro de su salud física y los tratamientos que recibía, como la terapia electroconvulsiva.

La muerte de Hemingway sigue siendo un tema complejo y debatido. Sin embargo, es claro que la depresión jugó un papel importante en su trágico final.

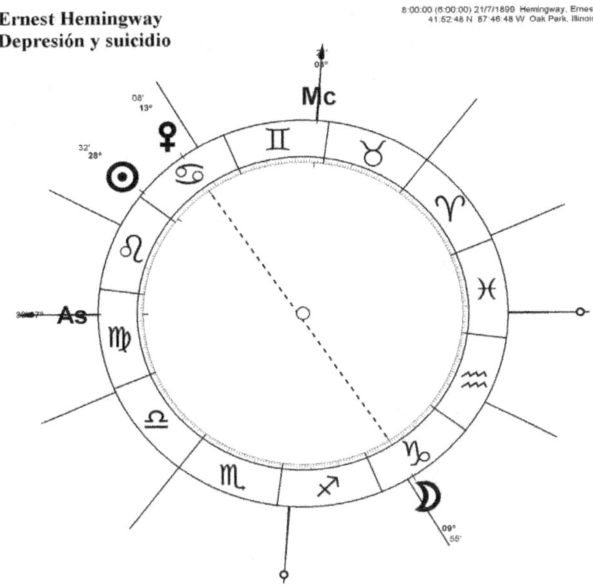

Ernest Hemingway tiene, por un lado, la oposición de Venus con la Luna, y por otro la sesquicuadratura de la Luna con Mercurio en la Casa XII, junto al Parte arábigo de los trastornos mentales.

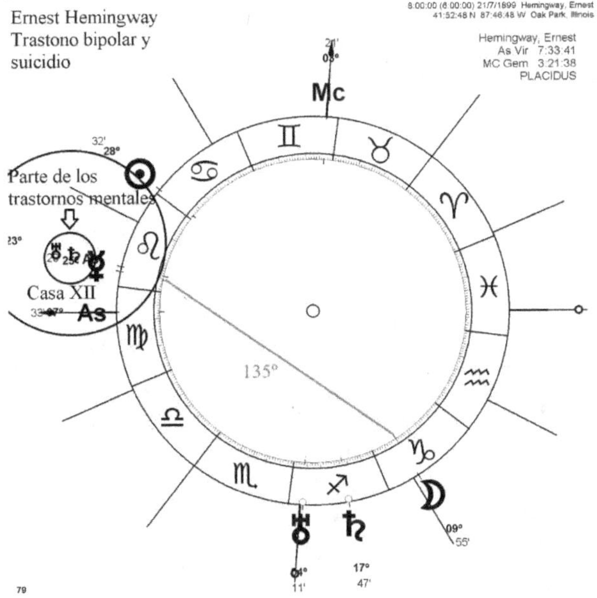

Al poner en hora el reloj del ciclo de 45 años, el reloj de los suicidios, el día de su fallecimiento, el atacir de Mercurio y el Parte de los trastornos mentales, que proceden de la Casa XII, estaba a menos de dos grados de la Luna, en plena "post sombra" del atacir o lo que es lo mismo dentro del orbe de influencia.

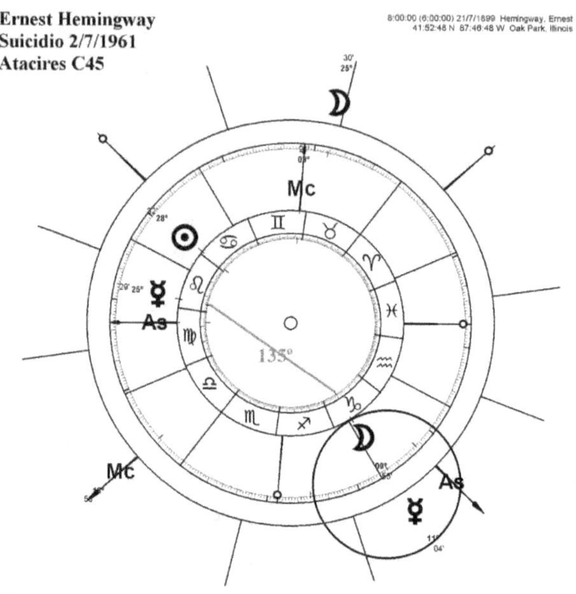

Otro caso que tiene una cierta semejanza es el de **Verónica Forqué**, que nació en Madrid, el 1 de diciembre de 1955 fue una actriz y directora española, galardonada con cuatro Premios Goya. Tenía un don para los personajes "entre ridículos y tiernos, atónitos y vehementes". Ella nunca ocultó su batalla con la depresión que la condujo a su final prematuro. Fue hallada muerta con claros indicios de suicidio a los

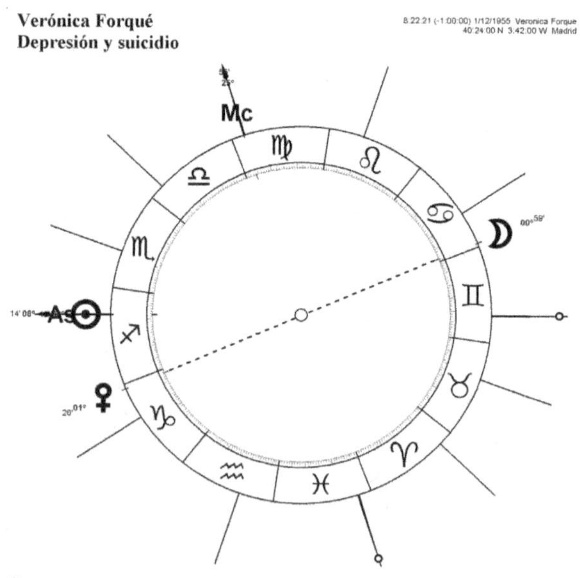

66 años quien tenía igualmente a la Luna fomando oposición con Venus, y acabó su vida a través del suicidio.

La actríz había explicado ya varias veces que sufría de depresión. "No puedo más, no puedo más", se le escuchó decir en el programa Masterchef fue hallada sin vida en su domicilio. La autopsia realizada desveló que Verónica Forqué murió por «asfixia mecánica del cuello por ahorcadura».

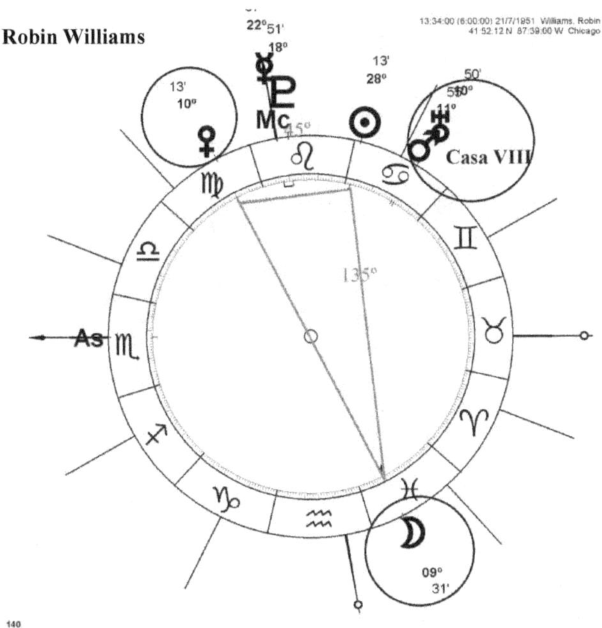

Robin Williams nació en Chicago, el 21 de julio de 1951. Fue un exitoso comediante, actor y actor de voz. Ganador de un Premio Oscar, cinco Globos de Oro, un premio del Sindicato de Actores, dos premios Emmy y tres premios Grammy. Pasó por una depresión severa, consumió alcohol en exceso por largos años, se sometió a terapias y programas que lograron rehabilitar por décadas, en vida, fue diagnosticado con Parkinson, pero luego se supo que padecía un tipo de demencia que le provocaba depresión y ataques de pánico, a sus 63 años se suicidó.

Como puede observarse tenía la oposición entre Venus y la Luna, además de una sesquicuadratura con el Sol, y Urano y Marte en la Casa VIII.

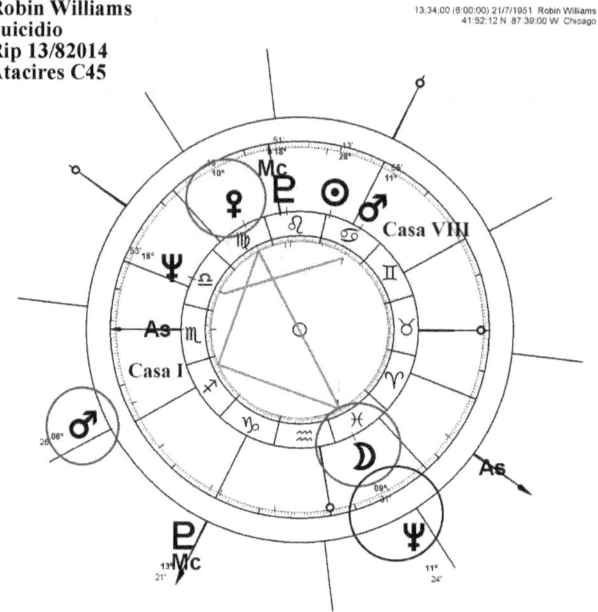

En la fecha de su suicidio, ellos atacires de ciclo de 45 años, el reloj de las muertes asistídas y los suicidios, el atacir de Neptuno se colocaba sobre la Luna y en oposición con Venus. Se quitó la vida a consecuencia de lo que entonces se atribuyó a un trastorno bipolar. Nueva evidencia indica que el actor en realidad sufría un padecimiento llamado demencia de cuerpos de Lewy.

Simone Weil Nació en París, el 3 de febrero de 1909 fue una filósofa, activista política y mística francesa. Formó parte de la Columna Durruti durante la guerra civil española y perteneció a la Resistencia francesa durante la Segunda Guerra Mundial. Dejó abundantes escritos filosóficos, políticos y místicos. Albert Camus la describió como "el único gran espíritu de nuestro tiempo". Las autoridades pensaron que se había suicidado; sus amigos no opinaron lo mismo. Weil se impuso varias veces auto hambruna.

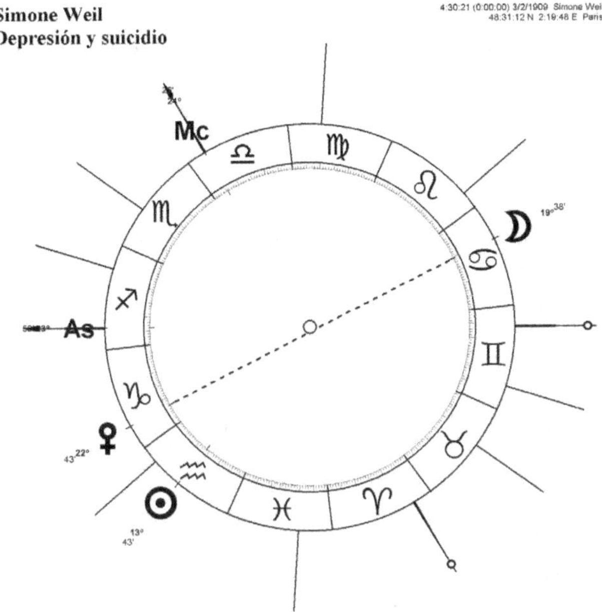

Simone tenía la oposición Venus Luna. Su muerte no resultó traumática. Sufrió un paro cardíaco mientras dormía. Los médicos anotaron que su aspecto era apacible, sin indicio de dolor. Sólo pasó dos días en coma. Poco antes de perder la conciencia, comentó que era judía, pero que deseaba hacerse católica, si bien no le convencían algunos aspectos de la doctrina y de la historia de la Iglesia romana. Un juez de instrucción ordenó una investigación y, tras examinar los informes médicos, dictaminó suicidio. Los periódicos locales publicaron la noticia en portada, con titulares que hablaban del "curioso sacrificio de una profesora francesa".

El día de su muerte, en el ciclo de 96 años, el reloj de las muertes personales y las situaciones límite, el atacir del Sol "aplicaba" por conjunción el Plutón el planeta de los dramas y las muertes. Además el atacir del Bajo cielo, que señala los finales, llega al mismo grado del Infortunio ubicado en plena Casa VIII, el escenario de las muertes

Pier Angeli nació en Italia, el 19 de junio de 1932. Actuó en varias obras de teatro en su país y luego fue llamada a Hollywood donde tuvo una relación con Kirk Douglas y más adelante con James Dean. Fue la pareja más famosa de James Dean, eran los novios 'oficiales', pero cuando estaban a punto de casarse, la madre de Pier impidió el enlace ya que no le gustaba Dean, ni su personalidad ni que no tuviera creencias católicas. La madre convenció a su hija para que se casara con el actor Vic Damone, hecho que se llevó a cabo en 1954, quedando Dean destrozado emocionalmente. La vida marital con Damone duró solamente cuatro años, tiempo suficiente para tener a su hijo Perry Rocco (nacido en 1955). La muerte de James Dean en accidente de automóvil el 30 de septiembre de 1955, deja a Pier Angeli, que le seguía queriendo,

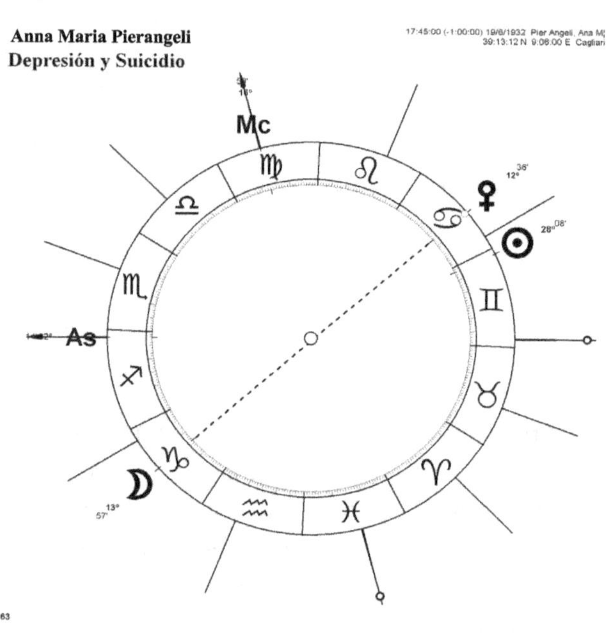

completamente destrozada y nunca llegó a superar su pérdida. El 10 de septiembre de 1971, presa de una fuerte depresión, Pier Angeli se suicidó con barbitúricos a los 39 años de edad en la casa que tenía en Beverly Hills, dejando una nota donde decía que James Dean fue el único y verdadero amor de su vida.

Violeta Parra nació el 4 de octubre de 1917 fue una artista, música, compositora y cantante chilena, reconocida como una de las principales folcloristas en América del Sur y divulgadora de la música popular de su país. Parra sufría una depresión profunda causada por problemas de su infancia: la pobreza, salud quebradiza desde muy niña. A estos problemas se le unieron numerosos problemas con sus relaciones amorosas. Violeta Parra, de 49 años, se disparó un balazo de revólver.

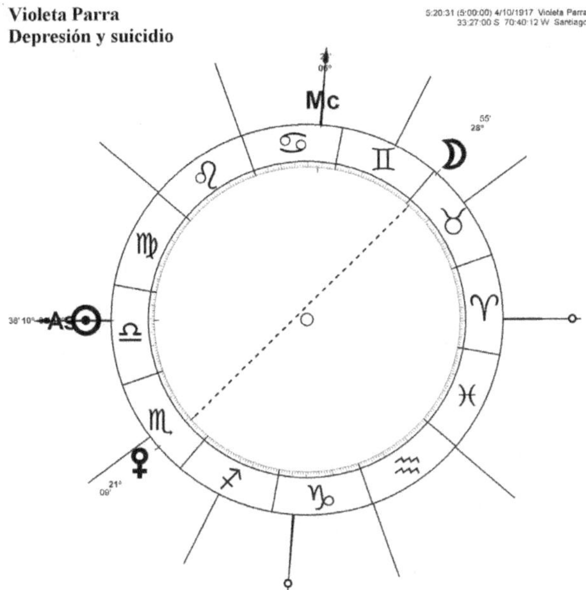

Violeta, tenía a Venus desterrada en el signo de Escorpio formando oposición con la Luna en la Casa VIII, el escenario de las muertes. Se suicidó un 5 de febrero de 1967, tras algunos intentos previos por quitarse la vida. Por entonces estaba abrumada por varios problemas: la mala situación de su carpa de La Reina, los problemas personales que la enfrentaban con sus cercanos e incluso algunas dolencias que la obligaban a medicarse. Una historia del último día de la artista, y de cómo una trama que se cocinó tiempo atrás, la llevó a la muerte.

Jack London, nació en San Francisco, 12 de enero de 1876 fue un escritor estadounidense, autor de *Colmillo Blanco*, *La llamada de la selva* y otras novelas y cuentos.

Fue acusado varias veces de plagio, alegó que es cierto que se inspiró en noticias leídas en la prensa, o incluso en algunas obras de otros autores, pero que siempre les informó de ello. Fumador compulsivo, alcohólico, con muchas secuelas del escorbuto. En 1913 la casa de su rancho se quemó y London lo perdió todo.

London tenía la fatídica oposición entre Venus y la Luna. Se suicidó en noviembre de 1916 en su rancho de California a los 40 años. Los rumores de suicidio persiguieron el legado de Jack London y aún persisten en algunos círculos. «El "suicidio por sobredosis" atrae a más lectores que "muerte por nefropatía"», afirma Kenneth Brandt. «La historia del suicidio aporta más emoción a una historia vital que ya es romántica. El drama siempre quiere más drama».

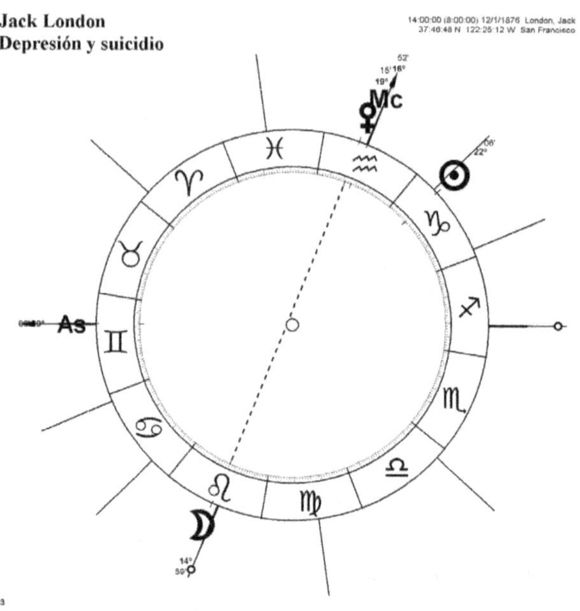

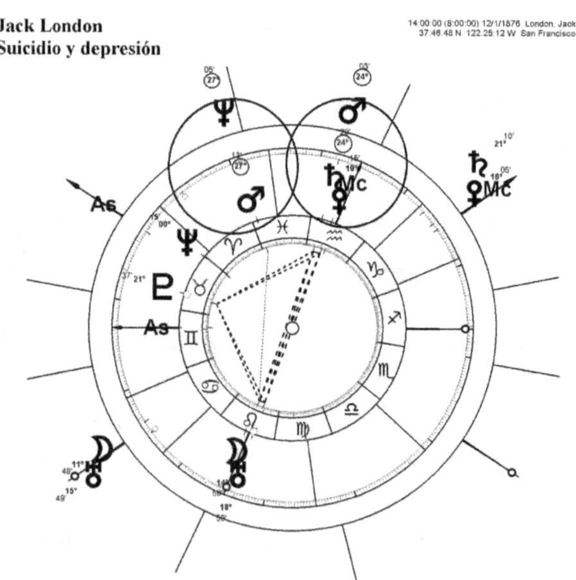

En los atacires del ciclo de 45 años, el reloj de los suicidios, destaca el atacir de Neptuno en el mismo grado de Marte en Piscis, lo que refleja muy bien su muerte por sobredosis de droga.

James Forrestal nació el 15 de febrero de 1892 fue el último secretario de la Marina de los Estados Unidos y el primer secretario de Defensa de los Estados Unidos.

El presidente Harry S. Truman lo destituyó como Secretario de Defensa, en 1949, debido a un colapso nervioso. El 22 de mayo de 1949 fue encontrado muerto en el techo de un pasillo claramente producto de un suicidio.

James Forrestal tenía a la Luna junto a Saturno formando oposición Venus desterrada en Aries, además Marte y Plutón forman también oposición, y el Sol natal estaba en Acuario en la Casa VIII, el escenario de las muertes.

El 22 de mayo

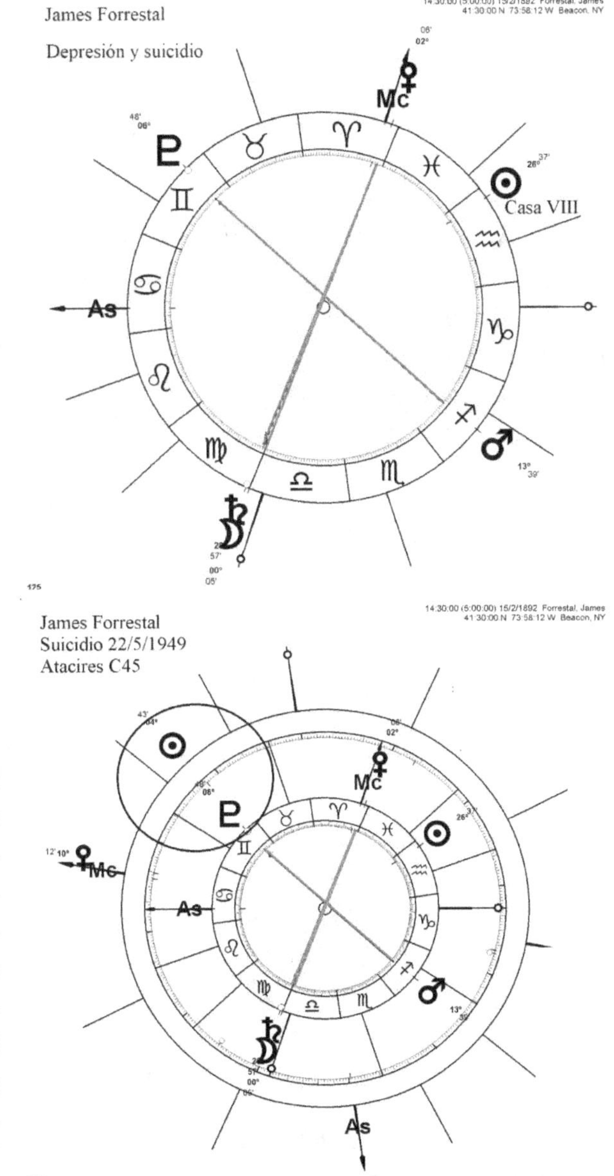

de 1949, el Secretario de Defensa de EEUU, James Forrestall, se suicidó saltando desde una ventana del décimo sexto piso del hospital. Su cuerpo fue hallado en el techo del tercer piso. Forrestal estaba bajo tratamiento médico sufriendo de agotamiento y depresión. Al calcular los atacires del ciclo de 45 años, el reloj de las muertes asistidas y de los suicidios, el atacir del Sol que procedía de la Casa VIII entraba en conjunción aplicativa con el planeta Plutón, cuya naturaleza esencial se relaciona con el instinto de muerte. Las circunstancias "extrañas" de su muerte han alimentado teorías sobre un supuesto asesinato o inducción al suicidio, relacionadas con la existencia de una base subterránea de OVNIs del III Reich.

Dave Garroway nació el 13 de julio de 1913, fue el presentador fundador del programa televisivo de la NBC Today durante nueve años. Su estilo relajado y relajante contradecía una batalla contra la depresión. Por su trabajo radiofónico y televisivo se le concedieron estrellas en el Paseo de la Fama de Hollywood.

Tras haber sido sometido a cirugía cardiaca, Garroway fue encontrado muerto por un disparo de arma de fuego (suicidio) en su domicilio en Pensilvania, el 21 de julio de 1982.

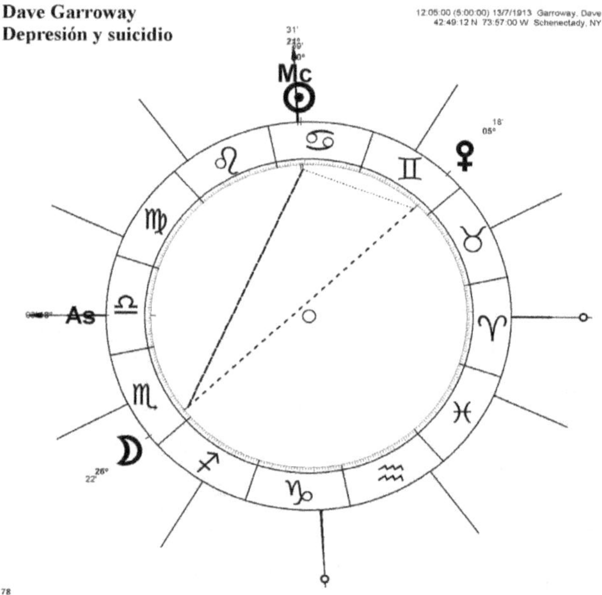

En la revolución solar del año 1982, el planeta Marte estaba sobre el Ascendente formando cuadratura con el Sol. Un Marte que al mismo tiempo formaba un "quincuncio de ida" y por ello maléfico, con el Marte natal que estaba desterrado en Tauro en Casa VIII. De ahí la mala decisión de quitarse la vida de un tiro.

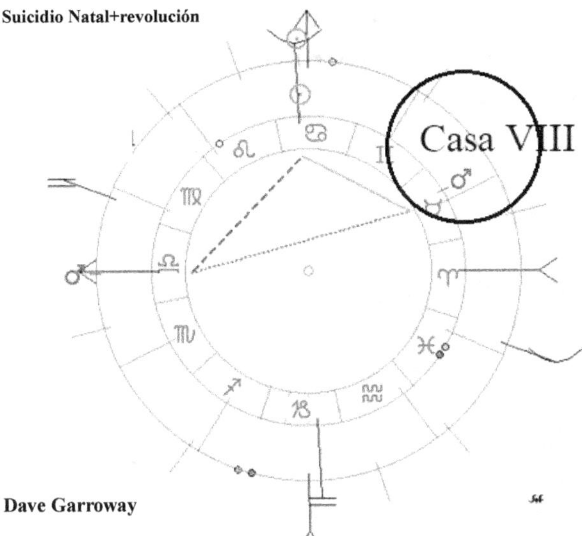

Urano y Mercurio y el trastorno bipolar

Otra forma de detectar el trastorno bipolar es a través de los aspectos tensos entre Urano y Mercurio. Urano en conjunción u oposición con Mercurio es una de las constantes en el trastorno bipolar.

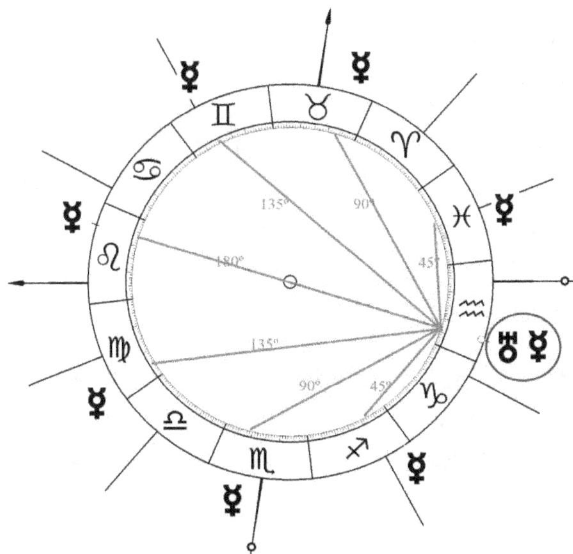

Un primer ejemplo de ello lo tenemos con **Edvuar Munch** nacido el 12 de diciembre de 1863 en Oslo, Noruega; fue un pintor y grabador. Sus evocadoras obras sobre la angustia influyeron profundamente en el expresionismo alemán de comienzos del siglo xx.

El pintor fue hospitalizado en varias ocasiones entre los años 1905 y 1909 por alcoholismo asociado a productividad alucinatoria, ánimo depresivo e ideación suicida. *El grito* (1893), el cuadro más famoso de Munch.

El grito refleja la ansiedad y la angustia del ser humano, y ese era el mensaje que quiso transmitir su autor en esta obra. Él mismo contó que su pintura fue un reflejo de un paseo por su ciudad natal, Oslo.

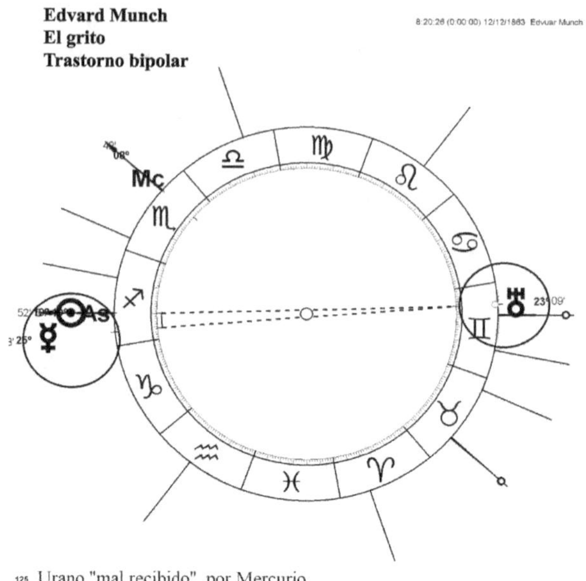

125 Urano "mal recibido" por Mercurio

Catherine Zeta Jones, es una actriz, cantante y bailarina británica. A lo largo de su carrera, ha recibido múltiples reconocimientos por sus logros. Casada con el actor Michael Douglas. Está diagnosticada desde el 2011 con trastorno bipolar por lo que ha sido ingresada en instituciones de salud mental.

Catherine Zeta Jones tiene a Urano en conjunción con Mercurio y en oposición a la Luna. La actriz, al llegar a los 41 años, decidió internarse en un centro médico psiquiátrico para tratar su trastorno bipolar.

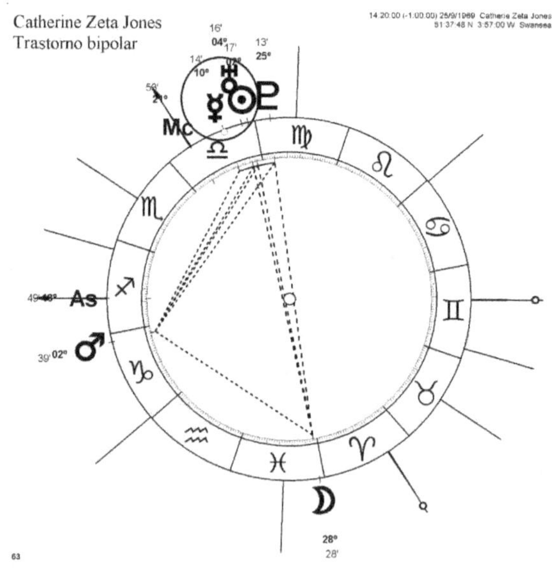

Michael Douglas, tuvo que enfrentar un cáncer. El 2010 no fue un año sencillo para Catherine Zeta Jones. Durante más de seis meses estuvo apoyando a su esposo, Michael Douglas, mientras combatía un cáncer. Y dos meses después de que el actor de la película: *Wall Street* revelara que le había ganado a la enfermedad, la actriz no pudo tolerar tanto estrés y decidió internarse en una clínica de recuperación mental.

Leonardo DiCaprio nacido en California; el 11 de noviembre de 1974 es un actor, productor de cine y ambientalista estadounidense. Es ganador de numerosos premios.

Trastorno obsesivo-compulsivo. El actor confesó padecer este trastorno enfocado principalmente a la limpieza extrema y sobre todo una terrible aversión hacia los gérmenes.

Leonardo tiene a Urano en el mismo grado que Mercurio. El TOC se caracteriza por las obsesiones, pensamientos que suponen una molestia, que conducen a ejecutar determinados rituales conocidos como compulsiones con el objetivo de mitigar la ansiedad. Es una condición que limita diariamente a la persona y erosiona su calidad de vida. Pese a sufrir este trastorno, ha logrado convertirse en uno de los mejores actores de su generación, y para muchos, el mejor.

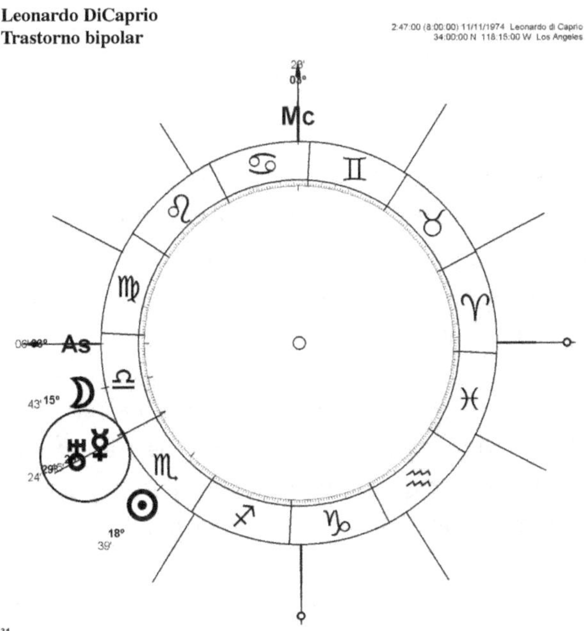

La cuadratura de Urano con Mercurio tiende a provocar alteraciones mentales como el Asperger y la bipolaridad. Elon Musk es un buen ejemplo de ello, él es un empresario, inversor y magnate sudafricano. Musk es la persona más rica del mundo según el índice de multimillonarios de Bloomberg. En el 2021 compartió que padece el Síndrome de Asperger desde los primeros años de su infancia, cuando incluso tuvo pensamientos suicidas. Cuando le preguntaron en el programa "Saturday Night Live" si podía ser bipolar, contestó que sí.

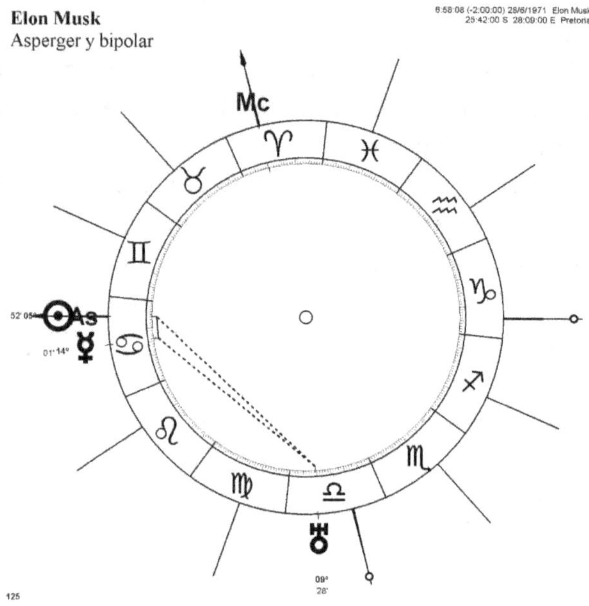

Elon Musk supervisa o dirige directamente seis empresas (Tesla, SpaceX, NeuralLink, The Boring Company, SolarCity, X y x.AI). Su perfil de Asperger le puede llevar a trastornos obsesivos cuando una de esas empresas entra en una fase de crisis, lo cual lleva a Musk a una espiral de exceso de trabajo, estrés e insomnio.

Mark Zuckerberg es un programador y empresario estadounidense nacido en Nueva York el 14 de mayo de 1984, uno de los creadores y fundadores de Facebook y la red social homónima, y su actual presidente. En 2013, reveló su diagnóstico con síndrome de Asperger.

Mark Zuckemberg tiene a Urano en sesquicuadratura con Mercurio en la Casa XII, cuya influencia en este hombre se nota a través del síndrome de Aspergen que padece. El síndrome de Asperger es un trastorno del desarrollo que se incluye dentro del espectro autista y que afecta la interacción social recíproca, la comunicación verbal y no verbal, una resistencia para aceptar el cambio, inflexibilidad del pensamiento así como poseer campos de interés estrechos y absorbentes. Los asperger no son psicópatas, pero en cierta medida es como si lo fueran.

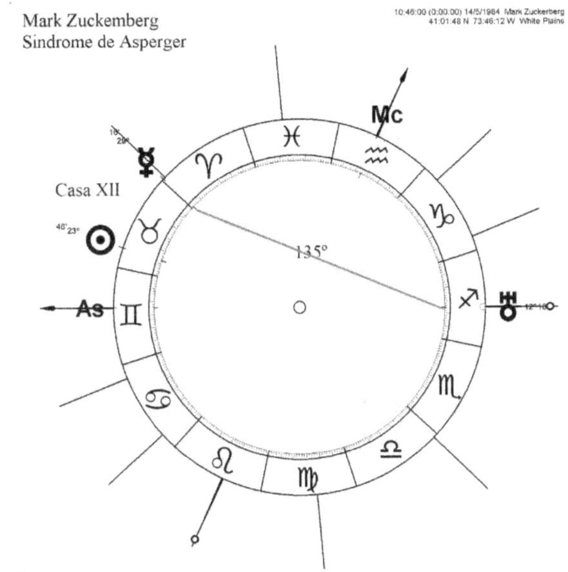

94

Stefani Joanne Angelina Germanotta, mejor conocida como Lady Gaga nació en Nueva York, el 28 de marzo de 1986, es una cantante, compositora, productora, bailarina, actriz, activista y diseñadora de moda estadounidense. Es bipolar y esquizofrénica, dependiente de medicamentos permanentemente. "Sé que tengo cuestiones mentales y sé que a veces pueden convertirme en un ser humano no-funcional", ha reconocido sin medias tintas.

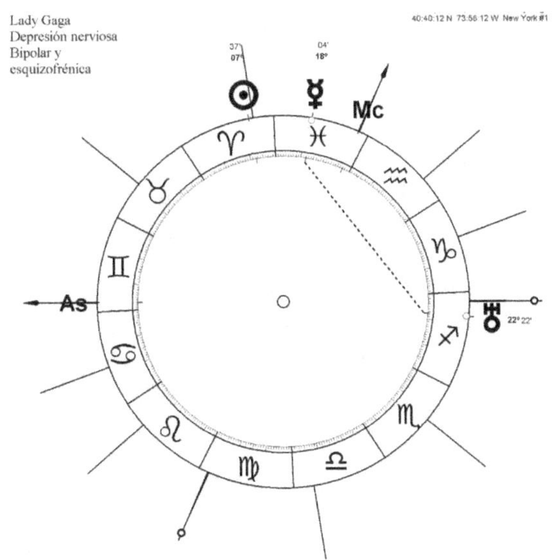

156

El primogénito de Fidel Castro, líder revolucionario Cubano y presidente de ese país, Fidel Ángel Castro Díaz-Balart fue atendido varios meses con motivo de un estado depresivo profundo. Requirió inicialmente un régimen de hospitalización y luego se mantuvo con seguimiento ambulatorio durante su reincorporación social. A los 68 años se quitó la vida.

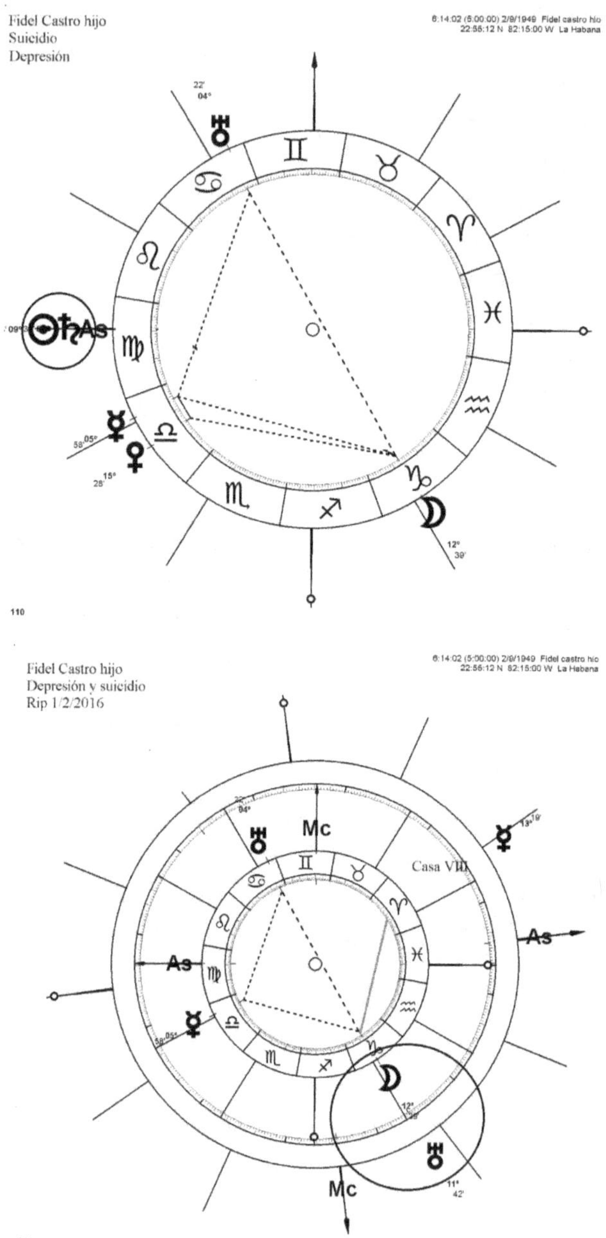

Enfermedades neurológicas, Urano patógeno y el Alzheimer

Parece claro que las enfermedades neurológicas y en especial el Alzheimer y el Parkinson están relacionadas con el planeta Urano cuando se vuelve patógeno o forma conjunción o mal aspecto con Mercurio.

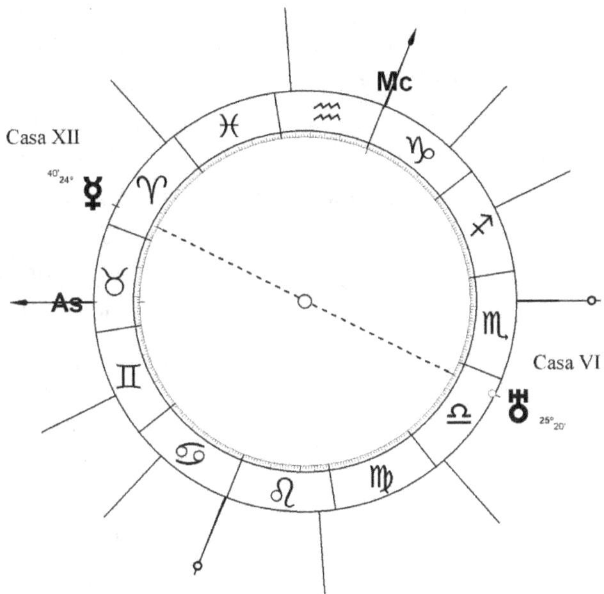

Los malos aspectos entre Mercurio y Urano afectando a las Casa VI y XII es muy recurrente, se observa repetidamente en muchos casos de Alzheimer, en especialmente cuando ambos planetas están en las Casas VI y XII, también cuando Mercurio y Luna forman oposición y Urano se ubica en la Casa de las enfermedades y por ello se vuelve patógeno.

Urano además, se puede transformar en "patógeno" cuando recibe una cuadratura u oposición con Plutón o con Saturno. **La cuadratura de Urano y Plutón** es uno de los aspectos que más se repite en las personas que padecen Alzheimer. Urano en cuadratura con Plutón, siempre acompañado por Mercurio, o mala configuración entre la Luna y Mercurio. La cuadratura de Urano y Plutón no es suficiente, aunque sea un aspecto muy recurrente, tal y como se comprueba en muchos casos.

Conviene recordar que una constante que se repite mucho en los enfermos de Alzheimer es la cuadratura entre Urano y Plutón, siempre combinada con alguna configuración entre Mercurio y la Luna, o Plutón en Cáncer. Unos casos de personajes famosos que han padecido la enfermedad nos puede servir de ejemplo.

El actor norteamericano **Gene Wilder**, muestra tres de esas constantes. Urano a menos de dos grados de la cúspide de la Casa XII, el escenario de las enfermedades crónicas. Luego ese mismo Urano forma la fatídica cuadratura con Plutón en Cáncer que es otra de las constantes de la enfermedad neurológica. Y una tercera es la Luna en Acuario dispositando a Mercurio a través de un quincuncio, que resulta ser maléfico.

Gene Wilder nació en Connecticut el 11 de junio de 1933. Fue un actor, director y guionista estadounidense conocido por haber aparecido en algunas de las obras más importantes de Mel Brooks, además de películas como *Willy Wonka & the Chocolate Factory*, y *El Principito*, entre otras. Falleció en 2016 por complicaciones de la enfermedad de Alzheimer.

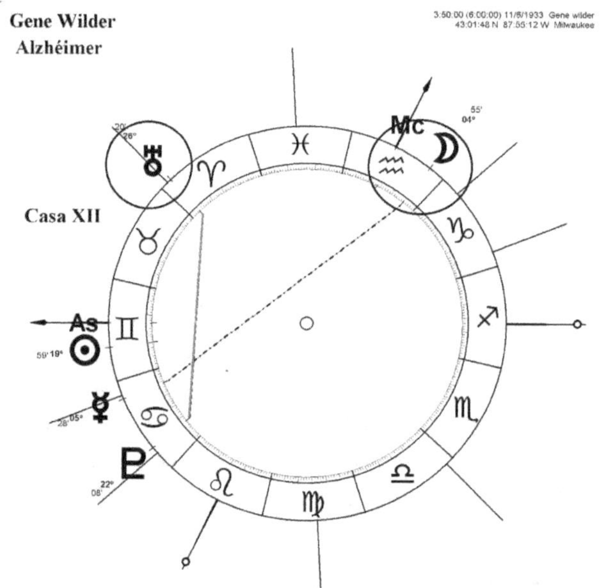

Gene Wilder tenía la cuadratura entre Urano y Plutón en Cáncer, a la que se añadía una Luna en Acuario en aspecto de quincuncio con Mercurio en Cáncer. Plutón y Mercurio en Cáncer estaban "dispositados" por la Luna en Acuario, potenciando de ese modo la influencia de Urano patógeno.

La causa de la muerte fue una complicación de la enfermedad de Alzheimer, con la que él vivió durante los últimos tres años de su vida, explicó Jordan. La decisión de mantenerlo en privado fue su elección, hablar con nosotros y tomar la decisión como una familia. Entendemos todos los desafíos emocionales y físicos que esta situación nos presentaba y hemos sido uno de los afortunados, de esta enfermedad-pirata, porque a diferencia de otros tantos casos, nunca le robó su capacidad para reconocer a los que estaban más cerca de él ni tomó el mando de su personalidad, proseguía el comunicado. El actor y su entorno decidió no hacer pública la enfermedad "para proteger a aquellos niños que le sonreían o le llamaban Willy Wonka. Simplemente no podía soportar que hubiese una sonrisa menos en el mundo", añadía el extenso informe.

Gene Wilder murió a causa del Alzheimer el 20 de agosto de 2016. Al calcular los atacires del ciclo de 45 años, el reloj de las muertes asistidas, las operaciones quirúrgicas graves, los accidentes, los suicidios y los asesinatos, se observa que el atacir del Sol está "aplicando" por conjunción al planeta Urano y formando cuadratura con Plutón.

Ese Urano patógeno de Gene Wilder lo acompaña hasta el mismo día de su muerte, cuando el atacir del Ascendente en el ciclo de 96 años, el reloj de la muerte personal, llegó hasta Urano.

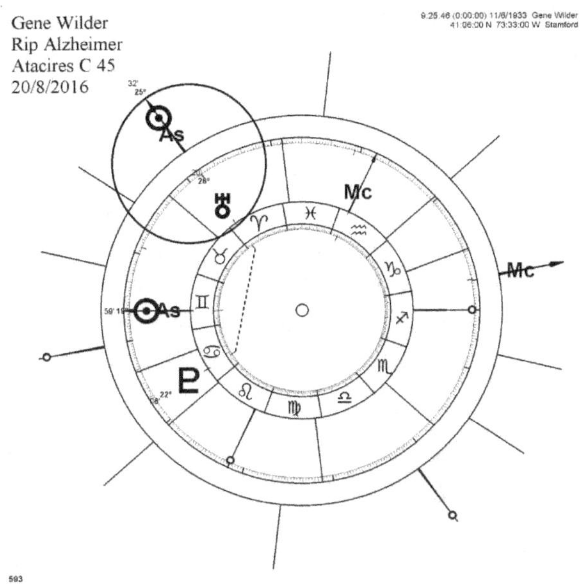

Sean Connery es otro caso de Alzheimer interesante, por tratarse de una persona muy conocida es el del actor y productor de cine británico Sean Connery, nacido en Escocia el 25 de agosto de 1930. Gran parte de su fama fue gracias a su personaje de James Bond, al que interpretó en siete películas. Padeció

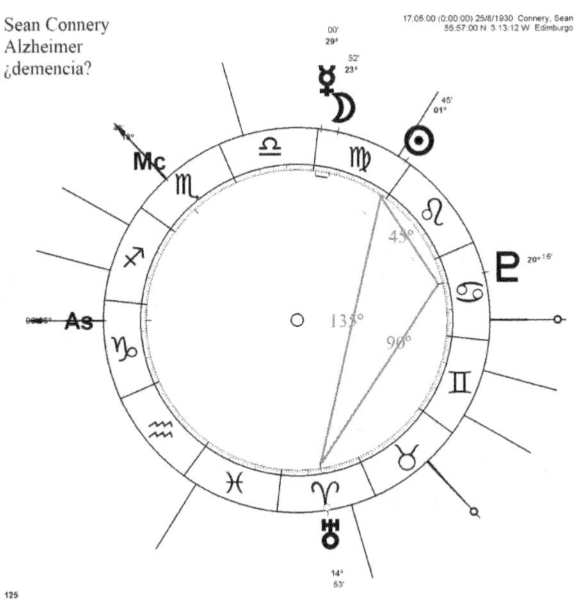

demencia ya no era capaz de expresarse cuando falleció por un infarto mientras dormía.

Connery tenía al Sol en Casa VIII, en sesquicuadratura con Urano, y la recurrente cuadratura de Urano con Plutón en Cáncer, y además la Luna en conjunción con Mercurio.

Micheline Roquebrune, la esposa de Connery, declaró tras su muerte: "Al menos murió mientras dormía y fue tranquilo; estuve con él todo el tiempo y simplemente se apagó, es lo que él quería ya que últimamente no podía valerse por sí mismo", ha reconocido la pareja del intérprete confesando que padecía demencia, y esto tuvo verdaderamente efectos negativos sobre él.

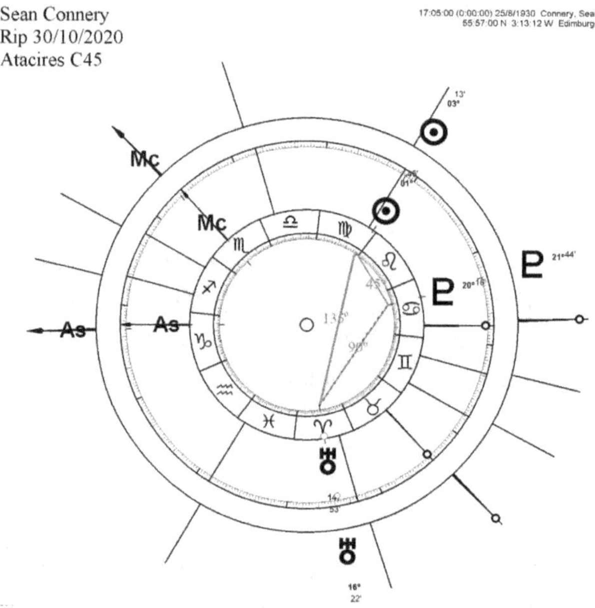

Aunque su muerte no estuvo relacionada con la enfermedad neurológica que padecía, se dejó notar la influencia de la cuadratura de Urano con Plutón y la sesquicuadratura de Urano al Sol en la Casa VIII.

Connery murió el 30 de octubre de 2020, cuando en el ciclo de 45 años, el reloj de las muertes asistidas y también las muertes ocasionadas por las enfermedades neurológicas, todos los planetas estaban en conjunción separativa, en orbe de influencia, en plena "post sombra" a menos de dos grados de su posición natal.

Adolfo Suárez, nació en Ávila, el 25 de septiembre de 1932 en Madrid, fue un político y abogado español, presidente del Gobierno de España entre 1976 y 1981 y figura clave de la transición española, después de la muerte de Franco.

Se retiró de la vida pública desde 2003 por haber sido diagnosticado con Alzheimer. Al igual que los casos anteriores también tenía la fatídica cuadratura entre Urano y Plutón en Cáncer ubicado en la Casa VIII.

Cuando Adolfo Suárez era presidente del Gobierno, ya estaba empezando a desarrollar Alzhéimer. Sus primeros síntomas aparecieron a partir del año 2000, pero las últimas investigaciones aseguran que la enfermedad empieza 20 o 25 años antes del primer indicio.

En marzo de 2014, su hijo Adolfo anunció que el estado de salud de su padre había empeorado debido a una neumonía y que el "desenlace era inminente", dando a conocer que estaba hospitalizado desde hacía unos días. Dos días después, el 23 de marzo de 2014 falleció en la clínica a los 81 años de edad.

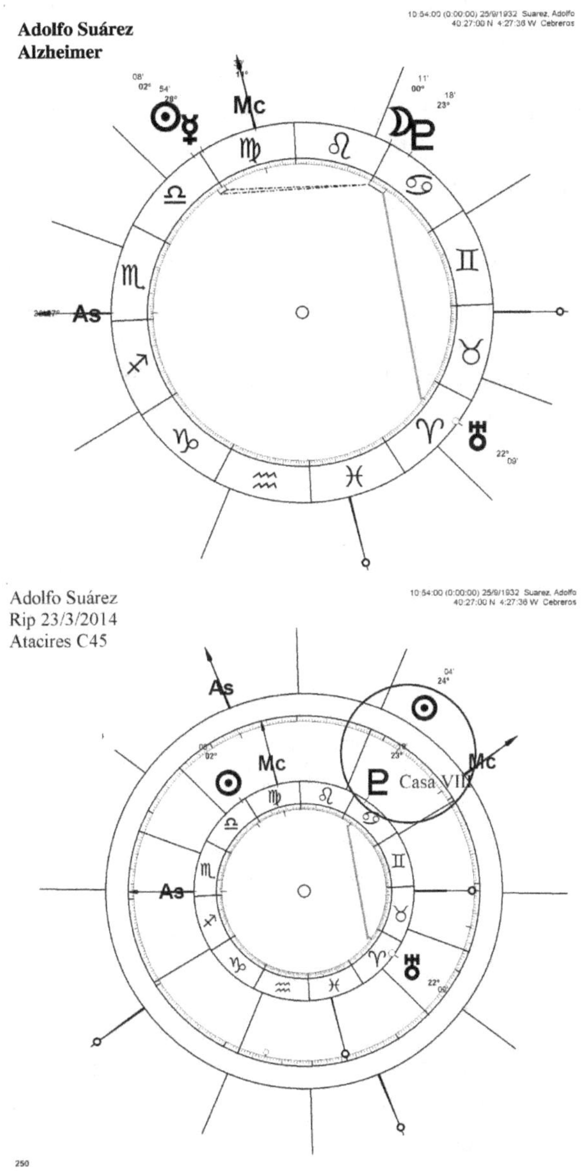

Todo parece indicar que en el ciclo de 45 años el reloj de las muertes asistidas, deja notar su influencia en las muertes relacionadas con las enfermedades neurológicas. En su muerte el atacir del Sol estaba sobre Plutón en la Casa VIII, señalando la hora final.

Omar Sharif, nació en Egipto el 10 de abril de 1932 fue un actor de ascendencia Siria que, después de haber iniciado su carrera en su país natal se hizo célebre por sus películas británicas y estadounidenses, sobre todo *Lawrence of Arabia*, y *Doctor Zhivago*. Fue nominado a un Premio Oscar de la Academia por su trabajo en *Lawrence de Arabia* y además ganó tres Globos de Oro y un Premio César. Este legendario actor, según explicaba su hijo en una entrevista, pasaba sus días en un hotel a orillas del Mar Rojo, a unos 400 kilómetros de El Cairo y muchas veces no sabía por qué la gente lo saludaba. Murió a la edad de 83 años, por un infarto.

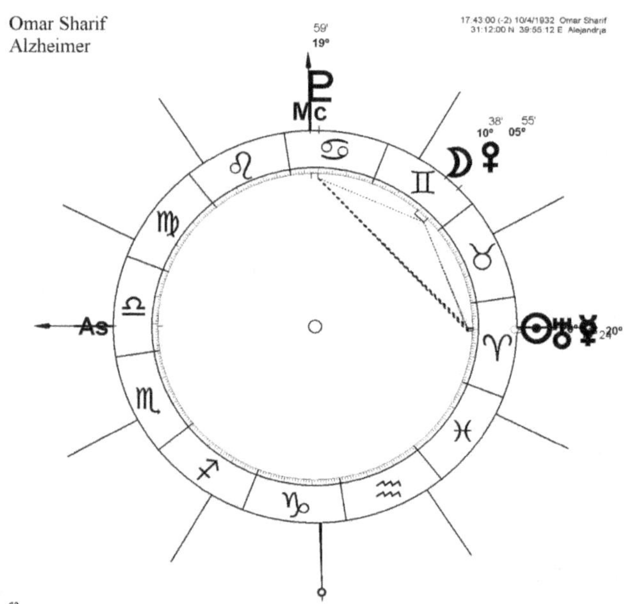

Omar Sharif, al igual que los casos anteriores, tenía a Urano formando cuadratura con Plutón en Cáncer, junto al Sol y Mercurio en conjunción muy cerrada. Esta conjunción con el Sol está relacionada con los problemas cardíacos que finalmente acabaron con su vida.

Al calcular los atacires de 144, el reloj de las enfermedades que requieren hospitalización, cuando Omar sufrió el infarto, el atacir del Sol, Urano y Mercurio, formaban oposición a la cúspide de la Casa VIII.

El día de su muerte, en el ciclo de 96 años, el reloj de las muertes personales, el atacir de la Luna y Venus que proceden de la Casa VIII, dejan en "asedio" a la triple conjunción.

Los aspectos tensos de Urano y Mercurio

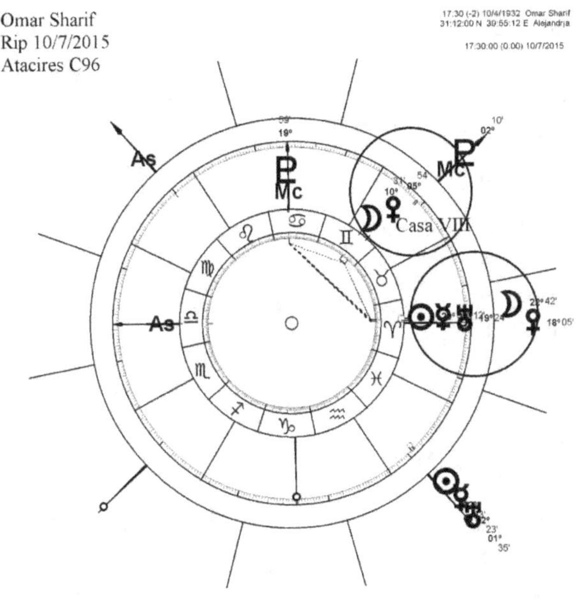

Después de la cuadratura entre Urano y Plutón, el aspecto que más se repite en personas enfermas de Alzheimer, es la oposición entre Urano y Mercurio.

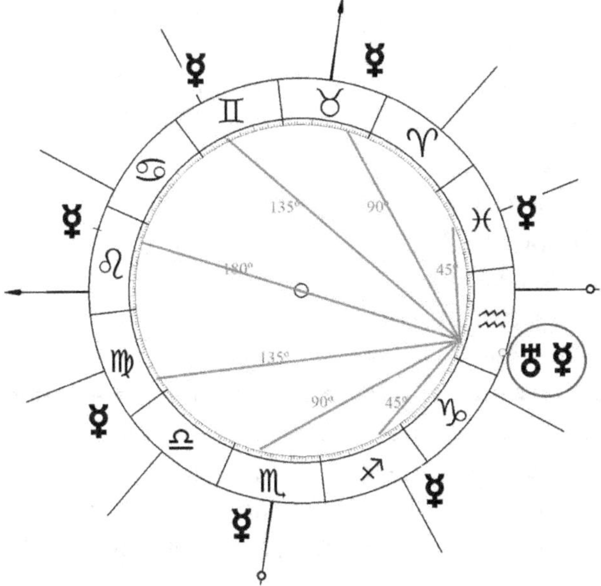

Charlton Heston nació el 4 de octubre de 1923, fue un consagrado y prolífico actor del cine clásico estadounidense, ganador del prestigiado Premio Oscar y universalmente famoso. Heston participó de la marcha a Washington por los derechos civiles que se llevó a cabo el 28 de agosto de 1963. En 2002 Charlton Heston anunció que padecía una demencia degenerativa similar a la enfermedad de Alzheimer y se retiró de la vida pública. En su carta del cielo de nacimiento tiene a Urano patógeno en Piscis, formando oposición con Mercurio, que a su vez forma cuadratura con la Luna, y a Urano en aspecto tenso de sesquicuadratura (135°) con Saturno además

Chartlon Heston
Alzhéimer

Chartlon Heston
Alzhéimer
Tip 8/4/2008
Atacires C45

al Sol forma cuadratura con Plutón. Todo suma para el desarrollo de la enfermedad neurológica que padeció.

Chartlon Heston reveló en un vídeo en 2002, que padecía los síntomas de la enfermedad de Alzheimer y que los médicos le habían diagnosticado esta enfermedad degenerativa, hasta el momento incurable. Los últimos años de vida de Charlton Heston estuvieron marcados por el Alzheimer. El actor falleció el 8 de abril de 2008, a los 84 años.

Al calcular los atacires del ciclo de 45 años, el reloj de la muertes asistidas y también las muertes por causas neurológicas, el atacir de la Luna está a menos de dos grados del Ascendente formando sesquicuadratura (135°) con Urano patógeno en Piscis.

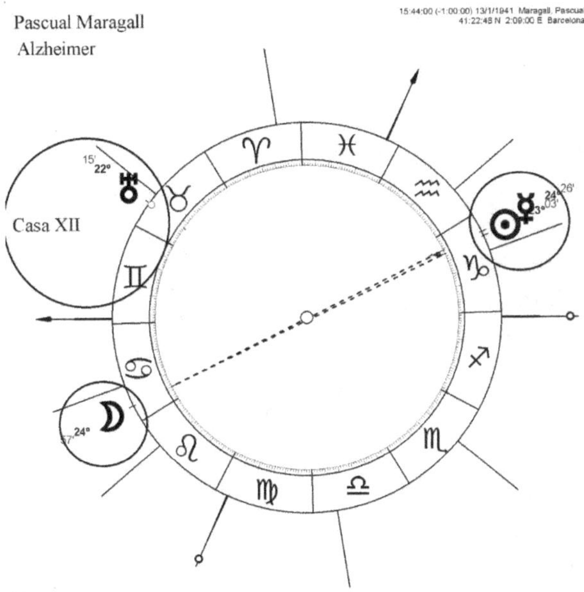

Pascual Maragall, otro caso de Alzheimer es el de Pascual Maragall, nacido en Barcelona el 13 de enero de 1941 fue un jurista, economista y ex político español. Ex presidente de la Generalidad de Cataluña. Ejerció como alcalde de Barcelona durante 15 años. En 2007, declaró que había sido diagnosticado con la enfermedad de Alzheimer, en abril de 2008 se creó la Fundación Pasqual Maragall para la Investigación sobre el Alzheimer, que promueve la investigación científica para la prevención y el cuidado de dicha dolencia y otras enfermedades neurodegenerativas relacionadas.

Pascual Maragall tenía al planeta Urano patógeno en la Casa XII, además el Sol con Mercurio forman oposición con la Luna.

Otro caso es el de **Carmen Sevilla** que nació el 16 de octubre de 1930 en España, fue una actriz, cantante y presentadora de televisión española. Además de realizar varios trabajos cinematográficos en su país natal, trabajó internacionalmente en países como Francia, Estados Unidos y México. En 2009 se le diagnosticó Alzhéimer, algo que se hizo público hasta el 2012, la artista se retiró del mundo del espectáculo.

El 27 de junio de 2023, falleció en el Hospital Universitario Fundación Jiménez Díaz de Madrid a los 92 años de edad. Su funeral se realizó en el Tanatorio de Pozuelo de Alarcón en la más estricta privacidad, y posteriormente, su cuerpo fue incinerado y sus cenizas fueron entregadas a sus familiares.

Al calcular los atacires del ciclo de 96 años, el reloj de las muertes personales, se observa que el atacir de Urano, que viene de la misma Casa VIII, llegaba a la cúspide de la Casa de la muerte.

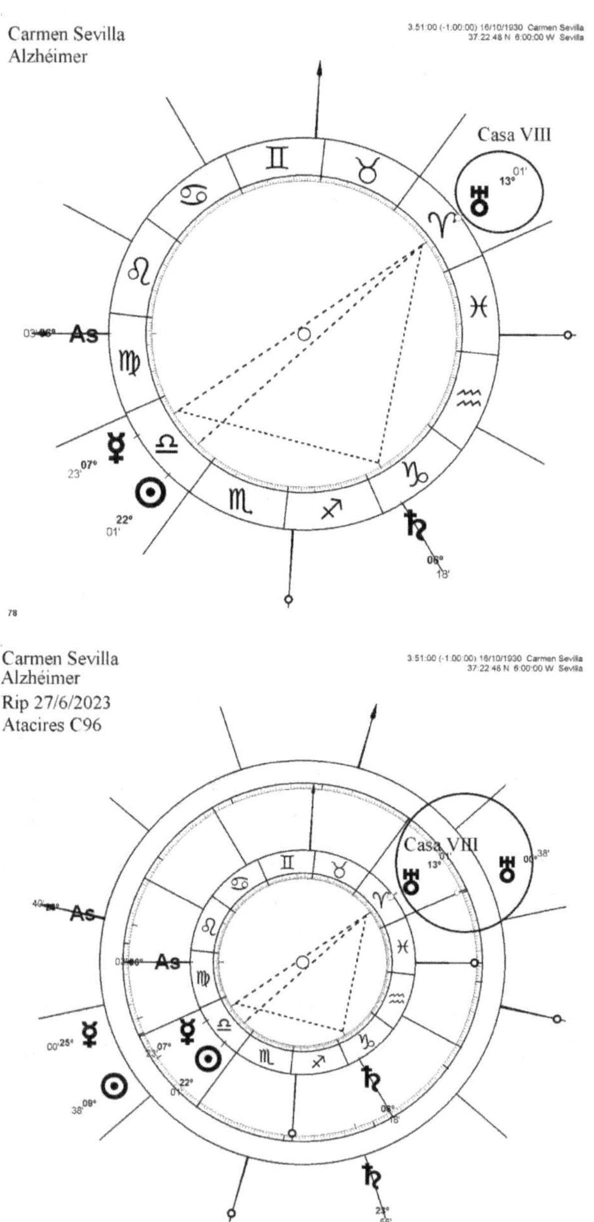

Enfermedades neurológicas. Urano patógeno y el Parkinson

La enfermedad de Parkinson es un trastorno del cerebro que provoca movimientos involuntarios o incontrolables, como temblores, rigidez y dificultad con el equilibrio y la coordinación. Por lo general, los síntomas comienzan poco a poco y empeoran con el tiempo.

Neil Diamond nació en Nueva York, el 24 de enero de 1941, es un cantante, compositor, guitarrista, actor y productor estadounidense. Ha vendido más de 100 millones de discos en todo el mundo. Desde el 2018, el intérprete tuvo que alejarse de los escenarios debido a que fue diagnosticado con mal de Parkinson, pero piensa "seguir activo escribiendo, grabando y con otros proyectos por mucho tiempo".

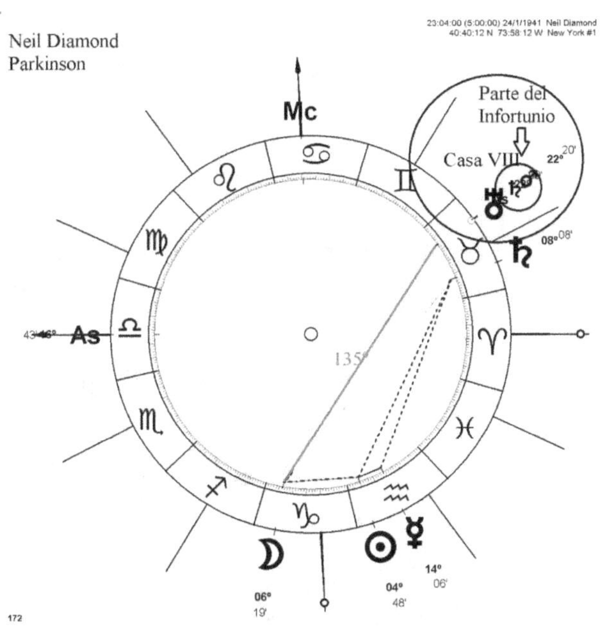

Neil Diamond tiene a un Urano patógeno en conjunción con el Parte arábigo del Infortunio en la Casa VII, formando una malévola sesquicuadratura con la Luna.

Michael J. Fox es un actor canado-estadounidense ahora retirado, ha ganado cuatro premios Emmy, tres Globo de Oro y dos SAG, En 2022 recibió un Premio Oscar al "Premio Humanitario Jean Hersolt" debido a su fundación para encontrar la cura de la enfermedad de Parkinson que padece desde 1991.

Uno de los aspectos que más le han preguntado es cómo se dio cuenta de lo que le estaba ocurriendo y el actor se ha sincerado sobre ello develando que todo sucedió después de una noche de fiesta con Woody Harrelson, un conocido compañero de profesión.

En la revolución solar del año 1991, se observa que el planeta Saturno de la revolución se coloca encima de Júpiter en Acuario en la Casa XII y se activa la cuadratura con la Luna, concretándose ese año la enfermedad neurológica que padece.

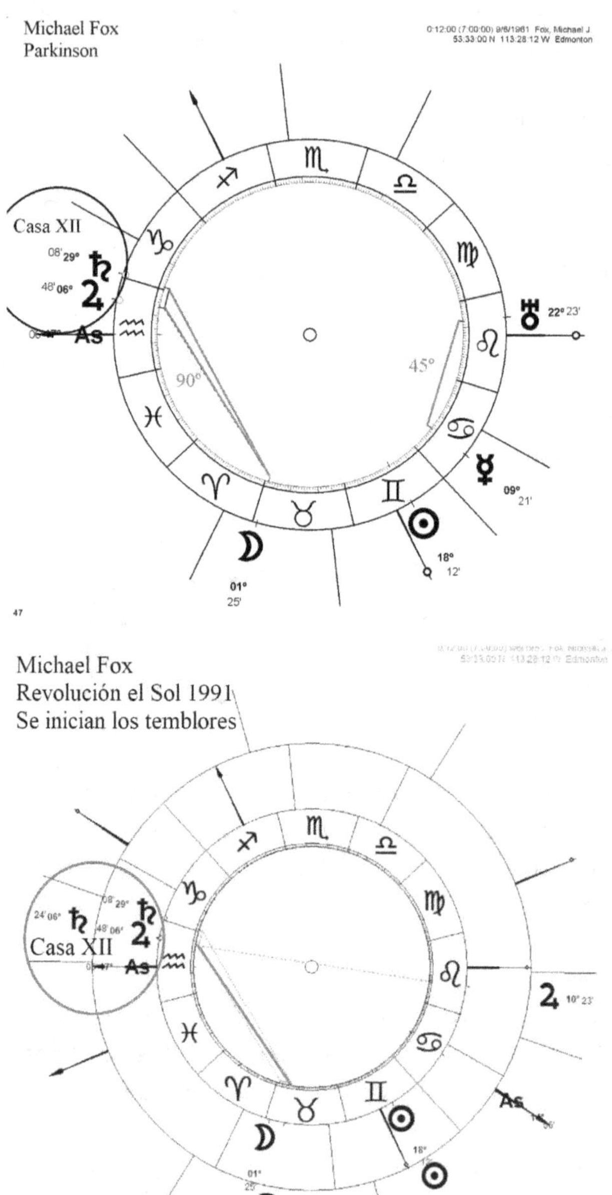

Angela Merkel ha sido la primera mujer en gobernar Alemania desde los tiempos de la emperatriz Teófano Skleraina (956-991), y la primera persona de la antigua RDA en acceder a la Cancillería de la Alemania unificada. Es una física y ex política que desempeñó las funciones de canciller antes mencionada durante 16 años. También ejerció

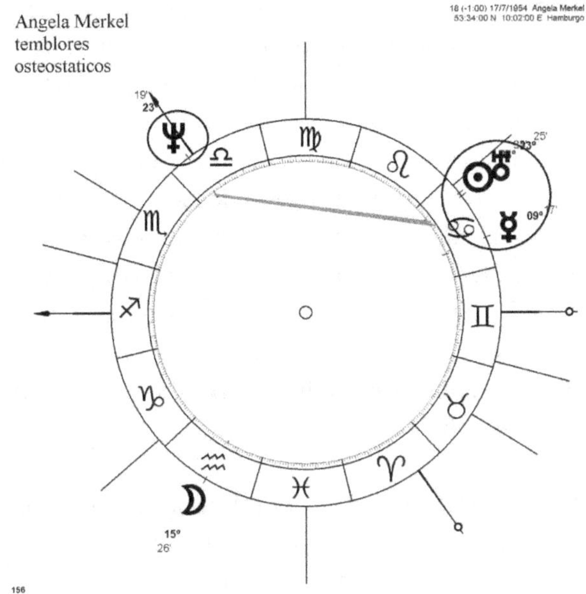

como diputada en la cámara baja del Parlamento alemán. Padece temblor ortostático primario, una enfermedad rara en la que las convulsiones se producen solo estando de pie.

Angela Merkel tiene al planeta Urano junto al Sol formando cuadratura con Neptuno, un mal aspecto que deja patógeno al planeta Urano que está en Cáncer formando una "recepción mutua" con la Luna que está en Acuario, y eso es algo que la fortaleció.

En solo un mes, en julio de 2019 la presidenta alemana, sufrió tres episodios de temblores en otros tantos actos oficiales. Sus convulsiones, muy rápidas y aparatosas, han dado la vuelta al mundo y

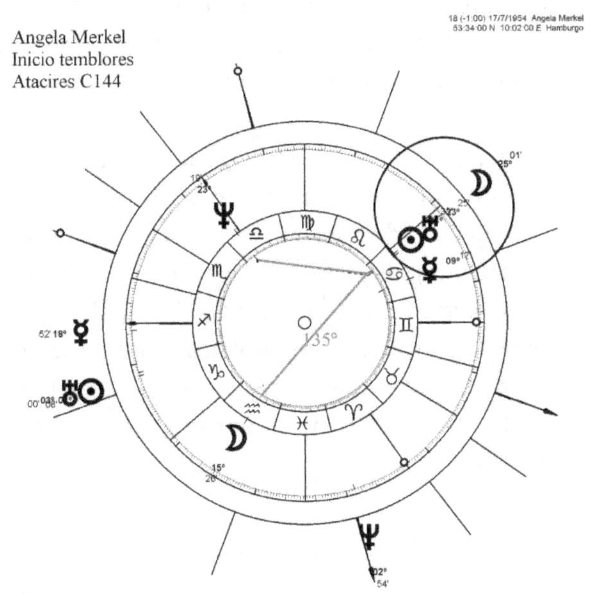

han generado especulaciones que ni la presidenta ni el Gobierno alemán aclararon en aquel momento. "No hay de qué preocuparse. Estoy firmemente convencida de que puedo rendir bien", es prácticamente lo único que dijo la mandataria alemana.

Los temblores comenzaron a ser evidentes en 2018 y ya en 2019 eran de dominio público. Al calcular los atacires del ciclo de 144 años, el reloj de las enfermedades crónicas, se observa en el año 2018 el atacir de la Luna llegaba a lugar de Urano y se activó la sesquicuadratura cuya influencia es muy cercana a la de las alteraciones neurológicas de esta mujer.

Enfermedades neurológicas. Urano patógeno, enfermedades raras y la esclerosis múltiple

Existen más de 600 enfermedades neurológicas. Los tipos más reconocidos incluyen: enfermedades causadas por genes defectuosos, tales como la distrofia muscular. Problemas con el desarrollo del sistema nervioso, como la espina bífida.

Bajo el término de **enfermedad neurológica** se engloba a todas aquellas enfermedades que afectan al sistema nervioso central (el cerebro y la médula espinal) y el sistema nervioso periférico (músculos y nervios).

Aunque **las enfermedades más frecuentes son las demencias** (entre las que se incluye la enfermedad de Alzheimer), el ictus, la epilepsia, la enfermedad de Parkinson, la esclerosis múltiple o la migraña; también hay que destacar otras enfermedades neurodegenerativas y neuromusculares como la esclerosis lateral amiotrófica, las distrofias musculares o las disfonías.

Una de esas enfermedades raras la padecía el cosmólogo y divulgador de ciencia Carl Sagan, quien no creía en la astrología, pero la astrología siempre ha creído en él y nos va a servir de ejemplo perfecto para observar el desarrollo de una rara enfermedad neurológica con su terrible final.

Carl Sagan nació en Nueva York el 9 de noviembre de 1934 fue un astrónomo, astrofísico, cosmólogo, astrobiólogo, escritor y principalmente un reconocido divulgador científico estadounidense. Pacifista y defensor de la búsqueda de vida extraterrestre. En 1992 se le diagnosticó una mielodisplasia.

Carl Sagan tenía a Urano patógeno en la Casa XII formando oposición con Mercurio y sesquicuadratura con Neptuno, cuya combinación se dejó notar a través de una enfermedad neurológica rara llamada mielodisplasia. Además de Urano patógeno, el planeta Saturno en Acuario formando cuadratura con el Sol también debió influir en ello.

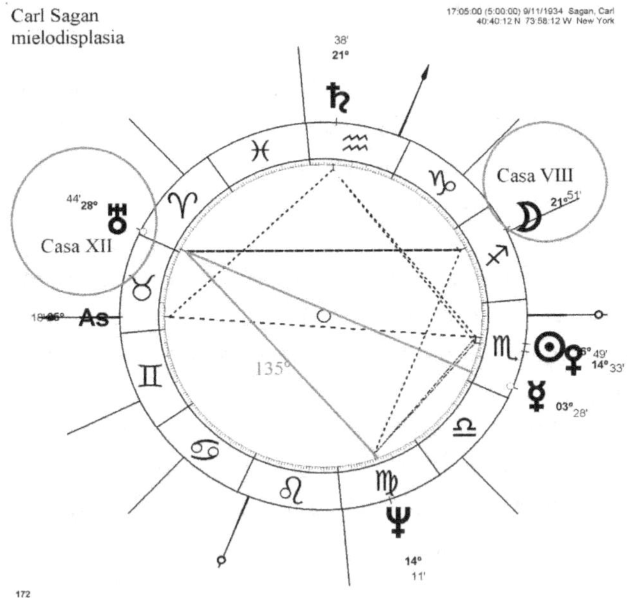

Las complicaciones de esta enfermedad le causaron una neumonía, la cual terminó con su vida el 20 de diciembre de 1996.

Al calcular los atacires del ciclo de 96 años, el reloj de las muertes personales, se observa que el atacir de Urano que viene de la Casa XII llega a la Luna que ocupa la cúspide de la Casa VIII, al mismo tiempo recibe una oposición de Mercurio que estaba en el signo de Géminis, de ahí lo de la complicación en su muerte por neumonía.

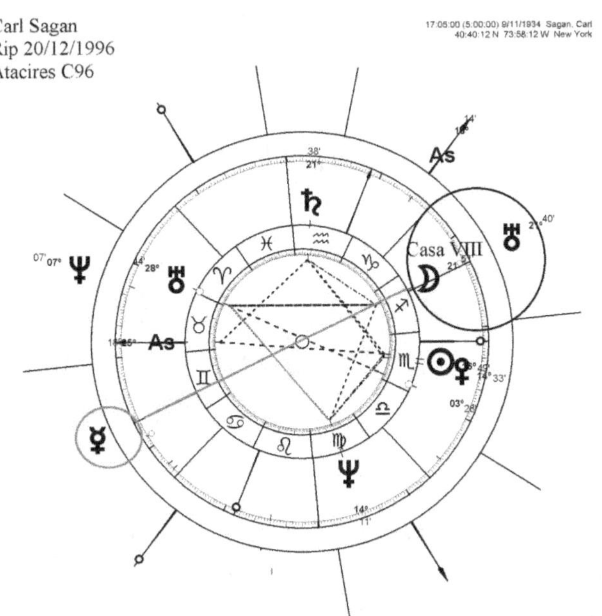

Esclerosis múltiple

"La esclerosis múltiple es un trastorno en el cual el sistema inmunitario del cuerpo ataca la cubierta protectora de las células nerviosas del cerebro, el nervio óptico y la médula espinal, llamada vaina de mielina. Esta vaina suele compararse con el aislamiento que tiene un cable eléctrico."

Stephen Hawking nació en Oxford el 8 de enero de 1942 fue un físico teórico, astrofísico, cosmólogo y divulgador científico. Comenzó a desarrollar síntomas de esclerosis lateral amiotrófica en la década de los sesenta.

Él tenía al Parte del Infortunio en conjunción partil con Urano en la Casa XII, junto a Saturno, y aunque él no creía en la astrología, la astrología siempre creyó en él. Una traqueotomía fue lo que le salvó la vida a Hawking en 1985. Aquel año, contrajo una grave neumonía en Suiza y los médicos aconsejaron retirarle la máquina que le mantenía con vida. Fue trasladado urgentemente a Reino Unido y le realizaron esta intervención con la que, por otro lado, se quedó sin voz

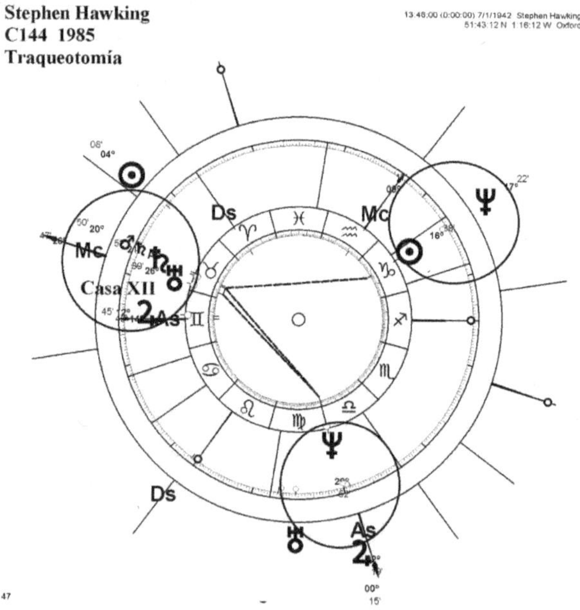

En los atacires del 144, el reloj de las enfermedades que requieren hospitalización, en el año 1985, el atacir de Júpiter llegó a Neptuno, al tiempo que el atacir de Neptuno lleva a su Sol, el Medio Cielo al lugar de Urano

en Tauro y la Casa XII. Urano aquí actuó desde la garganta, en los últimos grados de Tauro.

El 14 de marzo de 2018 moría a los 76 años de edad tras librar una larga batalla con una enfermedad motoneuronal que le confinó en una silla de ruedas y que le for- zó a comunicarse con una inconfundible voz computarizada.

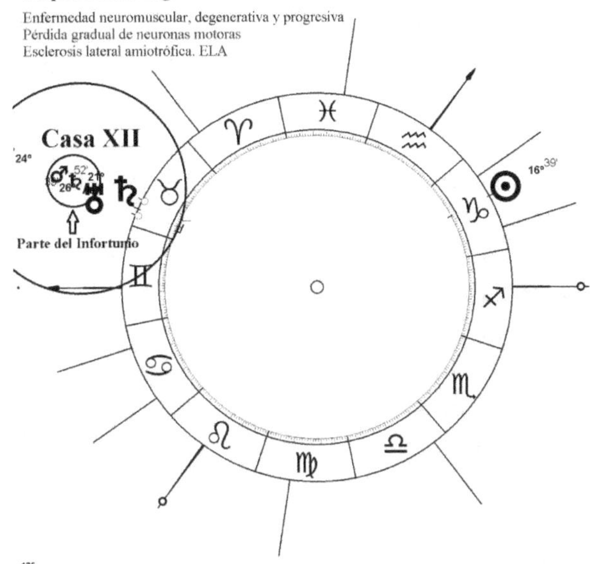

En el tiempo de la muerte de Hawking, al calcular los atacires del ciclo de 96 años, el reloj de las muertes personales, el atacir de Plutón, cuya naturaleza esencial está relacionada con la muerte, llegaba a la conjunción de Saturno, Urano y el Parte del Infortunio en la Casa XII.

La actriz **Selma Blair** nació el 23 de junio de 1972 en Michigan en los Estados Unidos, trabajó en diversos ti- pos de papeles en el cine y en el teatro. En 2018 fue diagnostica- da con el síndrome de Ehlers-Danlos y, des- pués de anunciar que estaba en remisión, ha hablado abiertamen- te con sus seguidores sobre cómo es su día a día con esta enferme-

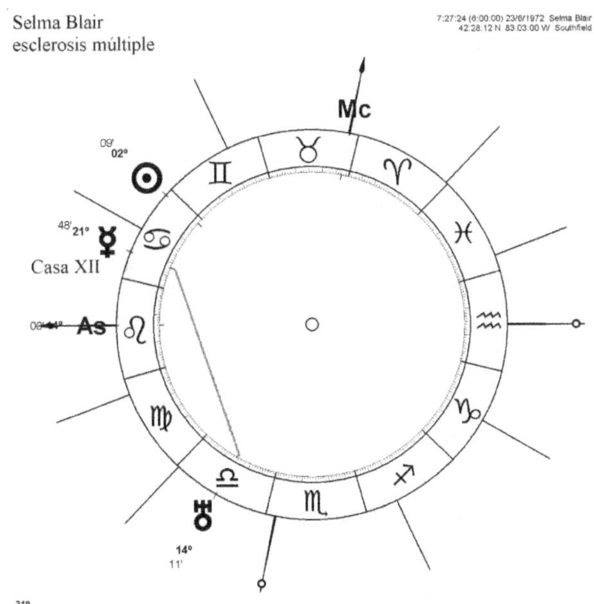

dad. Selma Blair se ha convertido en una activista por la visibilización de las enfermedades raras.

Selma Blair tiene a Mercurio en Casa XII, el escenario de las enfermedades crónicas e irreversibles, formando cuadratura con el planeta Urano.

Su enfermedad fue mal diagnosticada o ignorada durante más de 40 años desde sus primeros problemas de salud cuando era niña. "Si eres un niño con esos síntomas, te hacen una resonancia magnética", ha contado ella, que a los siete años había perdido el uso de su ojo derecho y de su pierna izquierda, así como el control de la vejiga. Se despertaba en mitad de la noche riendo sin control. Ahora sabe que se trataba de una esclerosis múltiple juvenil no diagnosticada, pero los médicos y la familia creían que lo que buscaba era llamar la atención tras descartar enfermedades como el cáncer: "Si eres una niña, te llaman 'loca'".

Al calcular el ciclo de 72 años, el reloj de las enfermedades que no requieren hospitalización, se observa que el atacir de Neptuno, cuya naturaleza esen-

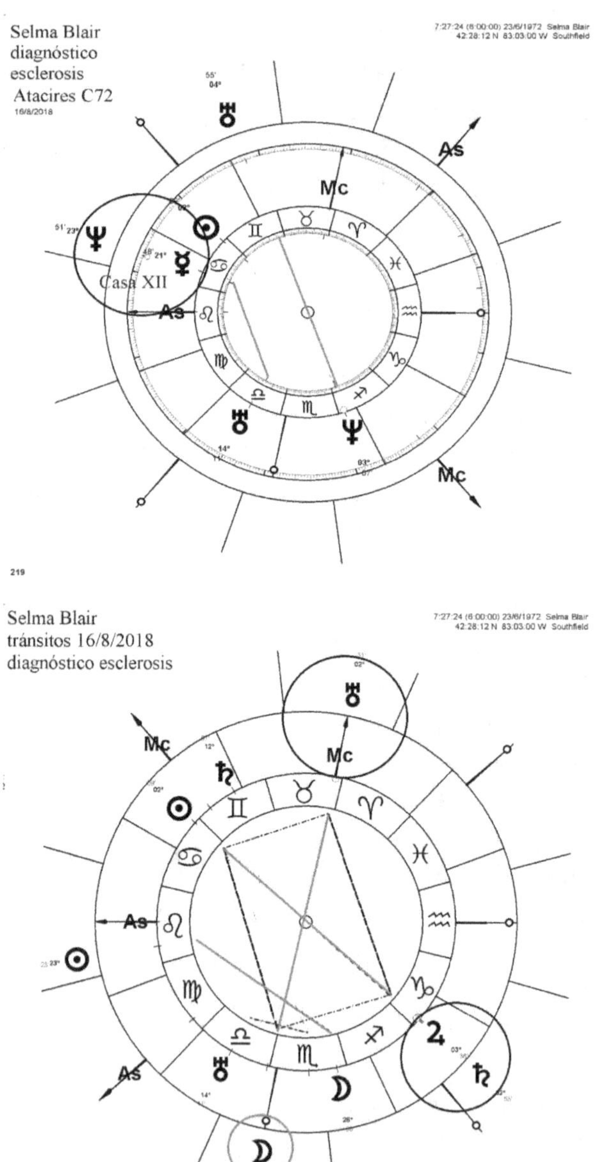

cial tiene que ver con las enfermedades, llegó hasta el lugar de Mercurio en la Casa XII, entonces le diagnosticaron esclerosis múltiple.

El día 16 de agosto de 2018, cuando la diagnosticaron de esclerosis múltiple, el planeta Urano estaba justo en el Medio Cielo, donde todo se hace público y notorio, formando oposición la Luna en el Bajo Cielo. Al mismo tiempo que Saturno llegaba a Júpiter que forma oposición con el Sol. Dejándose notar una vez más la influencia de Urano en este tipo de enfermedad neurológica.

Capítulo V

Medicina preventiva. Para no volverse loco. Revoluciones y relocaciones

Prevenir o advertir sobre el riesgo de las enfermedades neurológicas. La medicina preventiva se centra en la evitación de los problemas de salud antes de que se produzcan. La medicina preventiva también se centra en el diagnóstico de problemas de salud antes de que se manifiesten los síntomas o surjan complicaciones, cuando las probabilidades de recuperación son más altas.

En ese campo la astrología, tal y como hemos visto, tiene mucho que aportar. A través de la astrología se puede conocer con antelación la probabilidad de desarrollar una enfermedad neurológica o un trastorno mental. Su tratamiento corre a cargo de los médicos neurólogos o de los psiquiatras.

Usando la carta de nacimiento de una persona se puede saber si hay riesgo alto de desarrollar una enfermedad neurológica. Los actores claves que nos informan de ello son las configuraciones entre el planeta Urano y Mercurio, la Luna y Mercurio y los malos aspectos que pueda recibir Urano que lo transforme en planeta patógeno. Las probabilidades son relativamente amplias.

Urano formado malos aspectos con Mercurio o con los planetas maléficos; Saturno, Neptuno y Plutón, son uno de los indicadores, que no los únicos

Las Casas VI, VIII y XII son los escenarios donde se deja notar con más intensidad, la influencia patológica de todos los planetas, por ello, los planetas ubicados en estas Casas, también son un elemento a valorar.

Pronosticar para prevenir, predecir para advertir, esa es la primera función de la astrología médica. Las actividades terapéuticas están en manos de los médicos especialistas.

En cierta medida los astrólogos somos parecidos a los médicos de atención primaria, nuestra función no es ejercer acción terapéutica en profundidad, para ello están los especialistas a los cuales tanto el doctor de primaria como el astrólogo tiene que aprender a derivar, deben saber a qué tipo de especialista pueden enviar a su paciente. Imagínate que viene un paciente con un problema dental.

Ni el doctor general, ni el astrólogo se puede poner a hurgar en la boca del paciente, y mucho menos si se trata de un problema específico, sino que debe remitirlo o derivarlo al médico especialista.

De tal manera que un paciente que muestre señales de trastorno mental o enfermedad neurológica, hay que derivarlos al psiquiatra o al neurólogo.

La prevención y la relocación

La relocación es la terapia preventiva del astrólogo. Relocación es una contracción de recolocación, volver a colocarse, colocarse en el mejor lugar, o colocarse en el lugar adecuado el día del cumpleaños con el fin de obtener una carta del cielo del año en las mejores condiciones.

La relocación se usa preferentemente para evitar que en la carta del cielo del año se queden planetas dañinos o dañados en la Casa XII, por ser el escenario de las enfermedades, ya que por experiencia se sabe que los planetas dañados o dañinos en la Casa XII suelen arrastrar consigo algún tipo de enfermedad o ingreso hospitalario.

La prevención es la función principal de la relocación, evitar que haya influencia astrológica que señale enfermedad del tipo que sea.

Después de la experiencia de más de 30 años, a través de las personas a las que ha atendido a lo largo de este tiempo, para mi queda claro que es mejor prevenir que curar, y cuando observo en una carta de la revolución planetas dañinos o dañados en la Casa XII recomiendo encarecidamente hacer la relocación hasta dejar los planetas dañinos o dañados fuera de esas zonas de riesgo, en especial cuando forman malos aspectos.

Conviene relocarse sobre todo en caso de necesidad. Se considera necesario cambiar de localidad el día del cumpleaños cuando concurren los siguientes factores:

1.-Cuando haya planetas maléficos o dañados en la Casa XII
2.-Planetas maléficos formando malos aspectos en la Casa VIII

3.-Y también, por precaución, cuando concurran planetas dañados o dañinos en la Casa VI.

Además de esta precaución conviene relocar cuando el Parte del Infortunio se coloca a menos de dos grados de un planeta de la revolución.

La relocación es la "terapia preventiva" del astrólogo, el remedio sencillo que ayuda a evitar las malas influencias que pueden reflejar enfermedades, muertes o daños de cualquier tipo, en este sentido el astrólogo es como el antiguo médico chino, que se ocupa de mantener un buen estado de salud y no se ocupa de la enfermedad declarada, eso es cosa de los profesionales de la medicina.

La técnica astrológica de la revolución solar y la posibilidad de practicar relocaciones es lo que convierte al astrólogo en terapeuta astral.

Dolor emocional. Luna-Saturno y los disgustos. Personas dolidas y tiempos dolorosos

El dolor emocional es la sensación de amargura o padecimiento desarrollado a nivel psíquico sin que medie para su aparición un motivo físico o corporal.

Se puede considerar que hay dos clases de emociones, unas que son endógenas, que proceden de nuestro aparato psicológico y suelen ser subjetivas, y las emociones exógenas que proceden de nuestro roce con las personas de nuestro entorno que son objetivas e identificables. Las primeras se analizan y se resuelven a través del psicoanálisis, o de la terapia floral. Las segundas, las exógenas, se pueden abordar desde la astrología. Ambas son fuente de sufrimiento y dolor.

Son múltiples las experiencias o los modos que nos hacen sufrir a una persona mucho más allá del dolor físico o corporal. Detrás de cualquiera de esas experiencias desagradables que nos hace sufrir y nos crean malestar, se puede detectar la mala influencia de Saturno y la Luna cuando forman aspectos discordantes o actúan desde Casas sufrientes, como son la VI, la VIII y la XII.

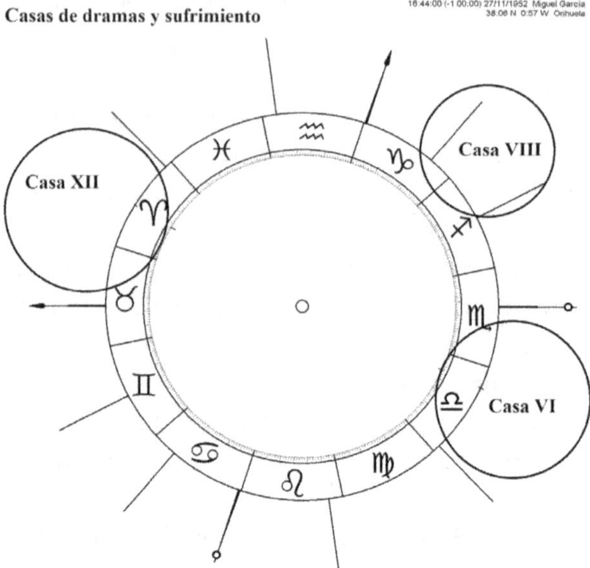

Uno de los factores más importantes que son causa de sufrimiento y dolor emocional son las conjunciones, las oposiciones y los aspectos tensos entre la Luna y Saturno.

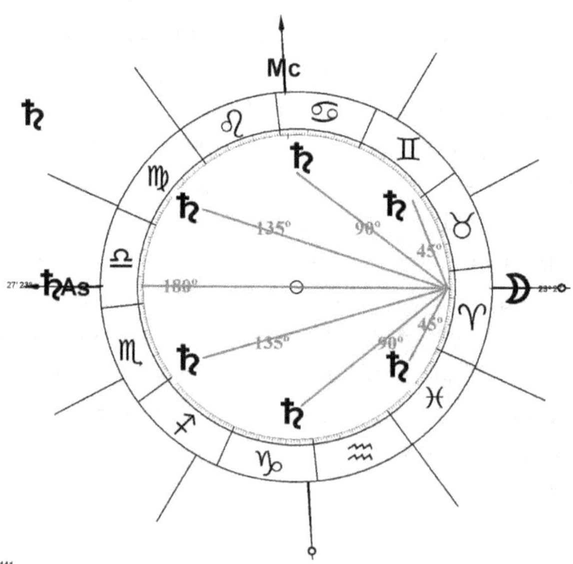

Conviene recordar los grados de influencia de cada uno de los planetas con respecto a otro, situado antes o después que él, considerando que forman conjunción. Se pueden resumir así: Orbes de Saturno 9 grados de influencia, orbes de La Luna 12 grados de influencia.

El orbe de influencia de los planetas es lo mismo que algunos astrólogos modernos "venden" como la "presombra" y la "post sombra", dos nuevas formas de tratar el tema de los orbes de influencia.

Estos aspectos entre la Luna y Saturno tienen una lectura especial, pues la velocidad de Saturno en los tránsitos es muy similar a la velocidad de la Luna en las progresiones secundarias, por ello suele señalar períodos importantes de penurias, falta de afecto, soledad y aconteceres penosos o tiempos dolorosos.

Cuando la Luna se ubica detrás de Saturno, en sentido zodiacal, es señal de períodos en lo que estas personas sentirán un cierto abandono, separación de la familia o falta de afecto por parte de la madre o del padre. Muchas veces son niños que deben vivir un tiempo con sus abuelos, causando dolor emocional y sensación de abandono y desafección

La resonancia de esa etapa de la vida deja un dolor emocional y un sentimiento de abandono y de carencia afectiva, que en muchos casos se escenifica a través de penurias familiares que obligan a cargar con responsabilidades o con trabajo a edad temprana.

La marca que deja esta mala configuración, deja en estas personas un dolor emocional que hace que no esperen recibir afecto de los demás y menos aún de las mujeres, no creen en el amor incondicional de la madre o de la familia por ello suelen desarrollar una autosuficiencia afectiva para poder sobrellevar esas carencias.

El desamor sentido con su familia afecta al alma y la endurece. Son personas que pueden llegar a ser emocionalmente fríos o en el peor de los casos, padecer un bloqueo emocional. En las mujeres señala una difícil relación con el padre, o que el padre puede ser substituido por otra persona. En otros casos es la madre quien hace el papel de padre.

En este primer ejemplo usaré mi caso. Tengo a la Luna en el grado 14:18 de Leo y a Saturno en la grado 15:44.

Al calcular las "progresiones dinámicas", una técnica incorporada en el programa Kepler español, se observa que a primeros días del año 1955, la Luna progresada está en el grado 20 de Escorpio, y el tránsito de Saturno está en el grado 19 de Escorpio.

A principio de año 1955, mi hermano mayor cayó enfermo y al poco murió por una gangrena en el pie, conseguida jugando al fútbol en la Calle Bazán, por donde todos los días bajaban los caballos de la basura. —Es desde entonces que odio el fútbol.

La conjunción de la Luna progresada con el tránsito de Saturno, ocurrió en los primeros grados de la Casa X, el escenario de la muerte de los hermanos, por ser Casa VIII (muerte) de la Casa III (hermanos).

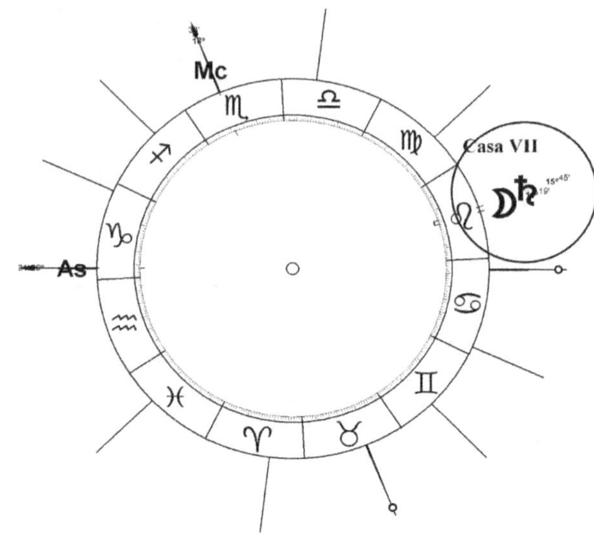

El entierro de mi hermano mayor cuando tenía 12 años, fue un evento social espectacular. Vino a mi casa una carroza mortuoria, toda pintada de blanco, tirada pon un caballo blanco con un penacho de plumas blancas en la cabeza y un féretro de color blanco. Cientos de niños asistieron al sepelio. Así se dejó notar el dolor emocional y la sensación de abandono doloroso en mi caso. Un trauma doloroso, una amargura difícil de olvidar.

Durante los siguientes años que tuve que vivir con mi abuela, no paraba de escuchar eso de que a los buenos se los lleva el Señor y los malos se quedan en la tierra. —Y es que la abuela materna sale a escena en la Casa VII y fue una señora ariana de mal genio que me dio mala vida durante esos años. Y luego el mayor dolor emocional lo he vivido a causa de mis parejas y de mis competidores y socios quienes han tenido un comportamiento de lo más ruin conmigo, pero de eso no trataré ahora.

Saturno-Luna Casa VI, VIII o XII

En general, cuando la Luna o Saturno se ubican en las Casas VI, VIII y XII, formando conjunción o malos aspectos entre sí, son un foco de dolor emocional y de amargura que deja huella en la vida de quienes lo padecen.

Jean-Baptiste Morin de Villefranche nació el 23 de febrero de 1583, fue un matemático, astrólogo, y astrónomo francés.

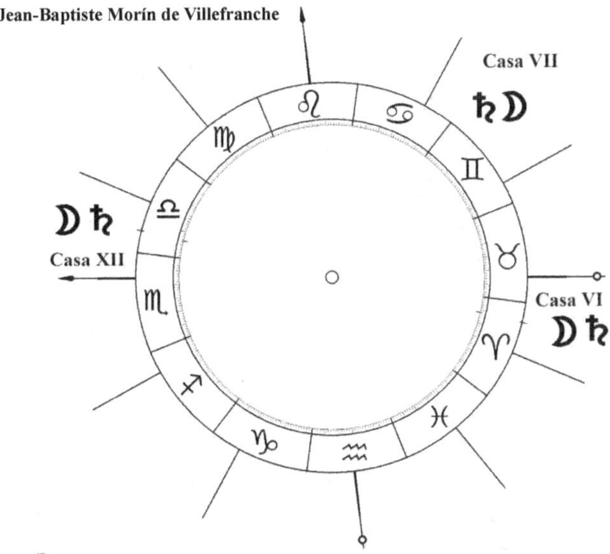

Jean-Baptiste Morín de Villefranche Luna y Saturno en Casa XII.
La infancia de Morín terminó de manera brusca a causa de las pestilencias, pues alrededor de los doce años, en 1595 sus padres estuvieron enfermos y su madre murió, y en ese mismo tiempo su padre padecía una fiebre que le hizo temer por su vida.

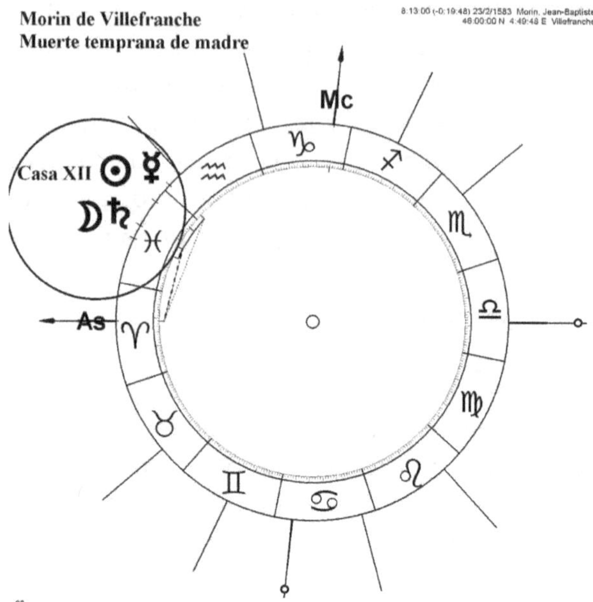

Unos días antes de la muerte de su madre, su hermano mayor le preguntó que a quién preferiría ver vivo a su madre o a su padre, y Morín le dijo que a su padre, entonces su hermano fue a contárselo a su madre quién se disgustó tanto por ello que quiso desheredarlo y le negó su última bendición. Para un Piscis como Morín debió ser un serio disgusto que dejaría una profunda huella en su alma.

Sobre este suceso y su relación astrológica Morín comenta:

> "La razón evidente de esta desgracia, que en ese momento no comprendí, debe atribuirse a la Luna, regente de IV y a la Parte de Fortuna, significadora por naturaleza y determinación de la Madre y de la Fortuna, que se encontraba conjunta a Saturno y presagiaba así el odio de mi madre y un gran perjuicio pecuniario a causa de la relación con mi hermano, delación indicada por la dirección de la Parte de Fortuna a la cuadratura con Mercurio, significador del hermano a causa de su regencia sobre la cúspide de la III y de su aspecto partil con esta....."

Morin es un buen ejemplo de Saturno y la Luna en Casa XII y sus escenas de dolor emocional y los disgustos, un modo claro de persona dolida y de tiempos dolorosos.

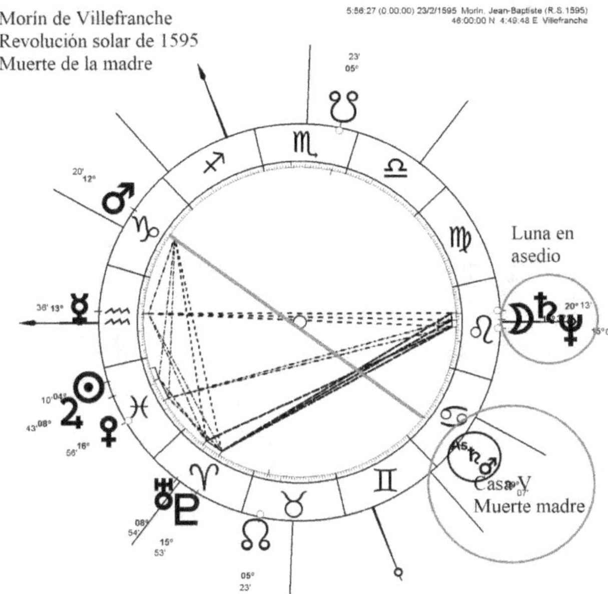

En la revolución solar del año 1895, al cumplir Morín 12 años, su madre murió y su padre estuvo gravemente enfermo. —La Luna del año estaba en "asedio" entre Saturno y Neptuno, y era angular en la cúspide de la Casa VII, el escenario de todo aquello que nos ocurre a causa de los demás.

La Parte del Infortunio estaba en signo de Cáncer, a las "órdenes" de la Luna, formando oposición con Marte, en la Casa V, el escenario de la muerte de la madre, por ser Casa VIII de X, señalando claramente un año doloroso y amargo a causa de la muerte de la madre y todo lo que le ocurrió en ese año fatal.

Los sucesos relacionados con la Casa VI son menos dramáticos que la XII y la VIII. El dolor emocional y los disgustos de Silvio Berlusconi tienen una importante relación con su trabajo de político, asociado a Saturno en la Casa VI, mientras que Luna refleja el modo en que se relaciona con su madre, las mujeres y con el pueblo italiano.

En el año 2010 el clima social y político en Italia era cada día más tenso. En la calle y en el Parlamento se hacen patentes las protestas y el creciente disgusto de la población contra Silvio Berlusconi, cientos de ciudadanos han exigido su dimisión y le han abucheado en Padua.

Por otro lado tuvo un disgusto con su madre del que nunca se pudo recuperar, y los disgustos dolorosos causados por su mujer y las mujeres son de dominio público. Berlusconi es un caso claro de persona dolida y de tiempos dolorosos.

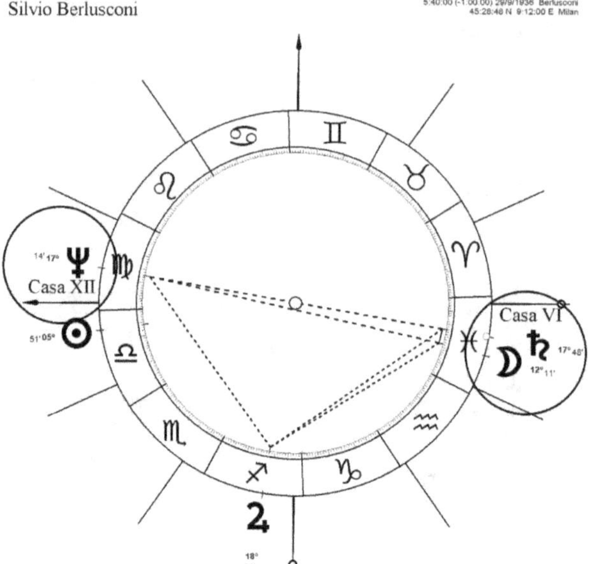

Saturno y la Luna mal configurados en la Casa VIII

La Casa VIII es, sin lugar a dudas, el escenario más dramático de todos. Cuando Saturno y la Luna están en la Casa VIII, mal configurados, el dolor emocional suele relacionarse con el padre quien en muchos casos se suicida o tiene una muerte temprana.

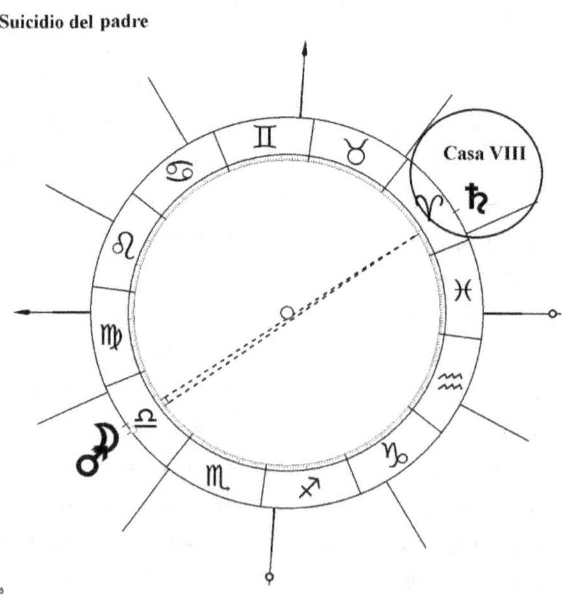

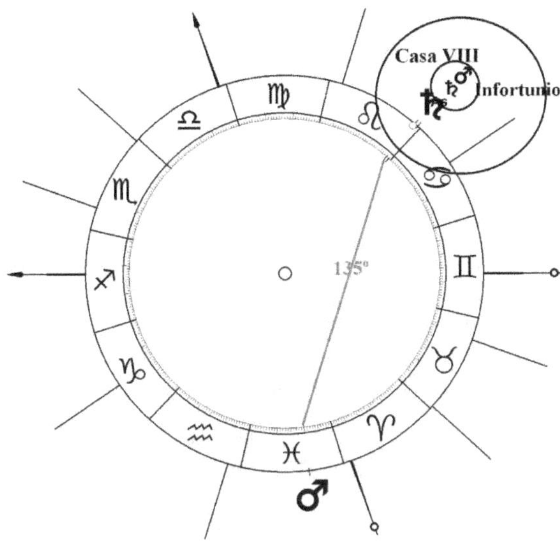

Cuando la Luna o Saturno se ubican en las otras Casas, su influencia es también notable pero menos dramática. Si la Luna forma cuadratura con Saturno desde la Casa I, el foco de dolor emocional y las amarguras, proceden de la misma persona causado por sus relaciones de pareja y familiares.

Un caso muy exagerado, que nos puede servir de ejemplo, es el de Néstor Kirschner. Una persona con la Luna en la Casa I, cuadratura con Saturno, que padeció un intenso dolor emocional a causa de su confusa manera de ser, de su mujer, relacionada con la Luna, y de su hijo, asociado a Mercurio, que es el regente de la Casa I. La Luna está en Géminis y Saturno está en Virgo, todo ello involucra a Mercurio, que representa al hijo, que está ubicado en la Casa VIII, uno de escenarios más dramáticos y dolorosos.

Cuando la Luna y Saturno, mal configurados, ocupan la Casa II, el foco de dolor emocional está relacionado con el dinero. Suele ocurrir que son personas que disponen de un buen estado económico durante un tiempo de su vida, pero que al final acaban sufriendo pérdidas económicas, falta liquidez y problemas de tipo económico que causa sufrimiento en el alma.

Luna y Saturno en la Casa III se relacionan con dolor emocional causado por hermanos o las parejas informales, amantes, novios/as.

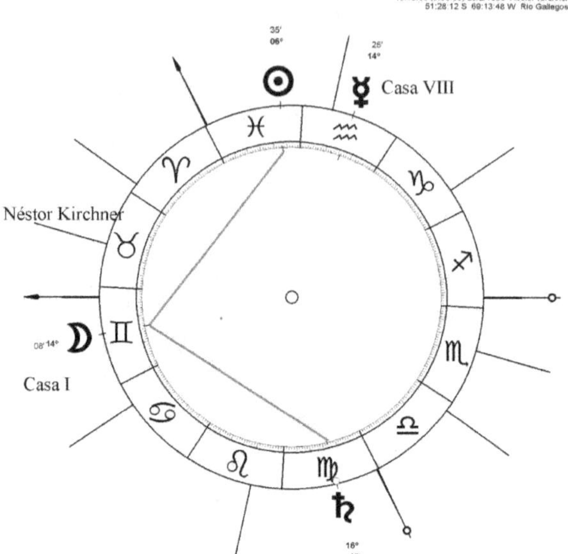

Elvis Presley fue un cantante y actor estadounidense. Apodado como "El Rey del Rock and Roll", es considerado como uno de los iconos culturales más populares del siglo xx.

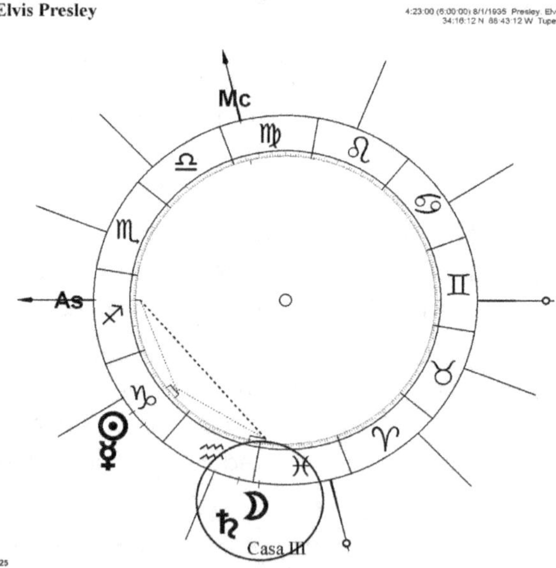

En la Casa IV, la madre o el padre pueden ser origen de dolor emocional causado por alguna fatalidad de alguno de ellos en una etapa de la vida como puede ser la muerte temprana de la madre.

Luna y Saturno relacionados con la Casa VI, señalan dolor emocional originado por la vida laboral. A veces alguna persona traspasa un buen trabajo que luego resulta ser doloroso, pesado o con demasiada responsabilidad.

Cuando la Luna y Saturno, en conjunción o malos aspectos y alguno de los dos está ubicado en la Casa VII, el dolor emocional suele estar relacionado con la pareja, o con personas con la que se tiene firmado algún compromiso. Y si Saturno va por delante de la Luna señala un tiempo de penurias y dolor emocional causado por una abuela que asume el papel de madre, y es origen de un tiempo de sinsabores y amargura que dejan huella en la persona.

Cuando la Luna está formando malos aspectos con Saturno desde la Casa X, la madre tiene un conflicto con el padre que causa dolor emocional, amargura

Casa IX, pérdida o rechazo de los maestros, grandes esfuerzos para logar estudiar una carrera o directamente vida en destierro. Acaban viviendo en lugares saturninos, fríos y montañosos como Andorra.

En la Casa XI el dolor emocional suele estar relacionado con los amigos y los hijos políticos.

Cuando Saturno o la Luna ocupan la Casa XII y están en mal aspecto es señal de una relación con los padres muy fría, una desatención de uno de ellos y casi siempre son hijos no deseados, de tal manera que el disgusto, la amargura y el dolor emocional tiene origen en algo que sucedió al nacer y queda reprimido en el inconsciente. Aunque deja una huella clara en el comportamiento de quien lo padece.

Esta información debe servirnos para saber cuando llegan los tiempos dolorosos y prepararnos ante esas desagradables eventualidades. Todo ello se pueden analizar en las revoluciones solares y las progresiones dinámicas, y se puede usar la técnica de las relocaciones para amortiguar o desviar los disgustos que nos causan amargura y dolor emocional.

<h1 align="center">Capítulo VI</h1>

<h2 align="center">El miedo. Saturno y Plutón. Personas temerosas
y tiempos dolorosos</h2>

El miedo y las fatalidades van unidos de la mano, una lleva a la otra. Cuando se siente miedo, salvo que sea miedo psicológico, y entonces se trata usando la terapia floral, el temor siempre es un reflejo de una fatalidad del pasado o del futuro que nos ha provocado algún tipo de dolor y nos deja una señal de algo de los que hay que reunir.

El miedo y las fatalidades, desde el punto de vista astrológico se analizan a través de Saturno y Plutón.

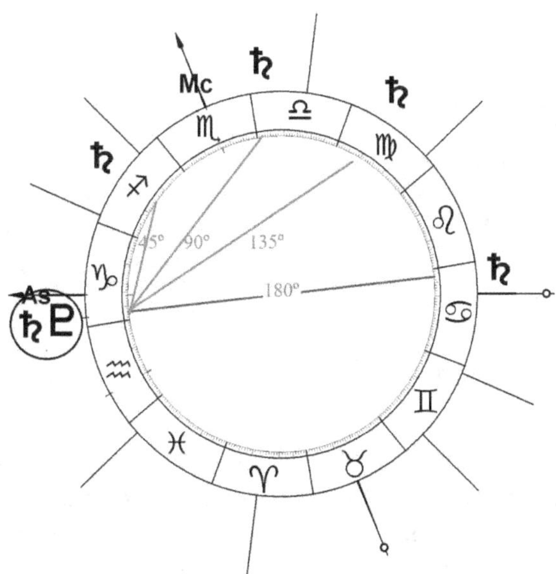

Cuando el planeta Saturno está en conjunción, o formando aspectos tensos con Plutón, independientemente de la Casa en la que se ubique, señala fatalidades que en muchos casos están relacionadas con el padre que dejan en un cierto desamparo a una edad temprana de la vida y que llevan a vivir tiempos dolorosos.

En muchos casos puede significar la muerte temprana, o el suicidio del padre, o un padre de avanzada edad que provoca más miedo que cariño y en algunos casos nunca llegan a conocer su padre. Y en los menos malos de los casos el padre es una figura muy dominante, como puede ser un militar o un Guardia Civil, que hace llevar una vida nómada en la niñez, lo que las hace personas temerosas.

Saturno y Plutón en las doce Casas

Cuando Saturno y Plutón se sitúan en la Casa I, es la misma persona la que causa temores en los demás, o son temerarios, imprudentes o insensatos, y al mismo tiempo se vuelven temerosas por algún tipo de persecución.

Algunos se dedican a la política, y otros tienen dotes de sanadores o chamanes, dejando fluir la naturaleza de Plutón de esa manera.

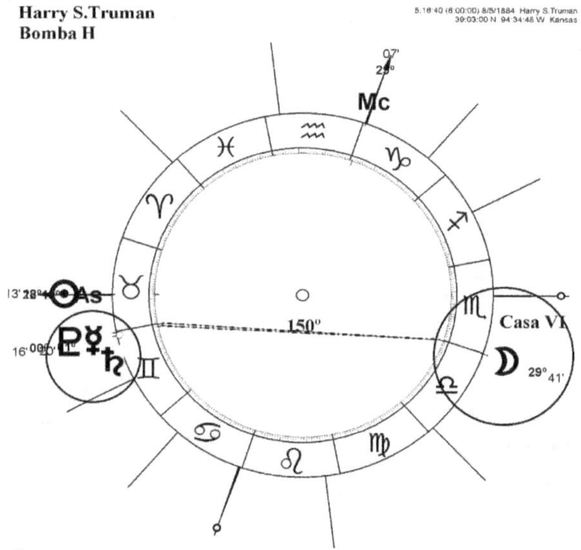

Si Saturno o Plutón están mal configurados en la Casa II, los temores son causados por alguna fatalidad económica que provoca miedo a la pobreza. Puede ser una fatalidad a causa de un administrador o de alguna persona que tenga acceso a los bienes y el dinero.

Mariano Rubio fue nombrado subgobernador del Banco de España, en 1977 y ocupó ese cargo hasta 1984, año en que es nombrado gobernador de la entidad. Fue reelegido en 1988, y ocupó este cargo hasta julio de 1992. Durante su etapa al frente de la entidad tuvo que hacer frente a la grave crisis financiera que atravesó el país.

La fatalidad de este hombre le llegó tras unas informaciones reveladas por el diario *El Mundo* en 1992, en las que se denunciaba su implicación en un delito de fraude a Hacienda y tuvo que dimitir de su cargo. En enero de 1995 fue imputado por delito de tráfico de influencias. Una segunda causa en la que se vio implicado fue la conocida como "Caso Mariano" causa por haber mantenido una cuenta opaca para el fisco, con unos 130 millones de pesetas y bajo un nombre en clave. El 5 de mayo de 1996 ingresaba en prisión por fraude fiscal y falsedad documental.

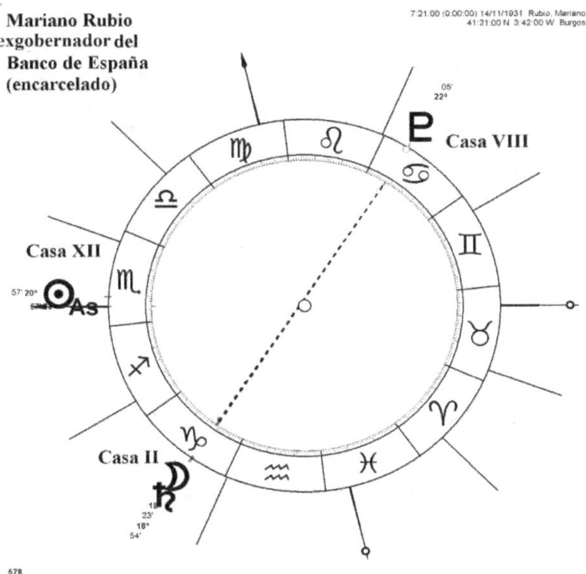

Si la conjunción, o los malos aspectos entre Saturno y Plutón ocurre en la Casa III, es un hermano, el causante de sus temores y de los tiempos dolorosos que suelen suponer un conflicto que causa la ruptura de relación con el hermano o bien se carece de hermanos y hace sentir una cierta indefensión que suele provocar temores en la primera etapa de la vida.

Un caso muy exagerado es el Groucho Marx, el de los "hermanos Marx". Este hombre sin sus hermanos no se habría disgustado nunca.

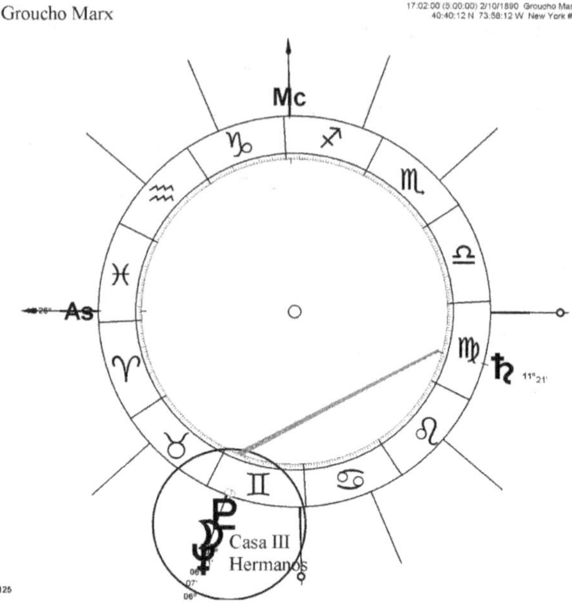

Groucho Marx tenía a Saturno en Virgo formando cuadratura con Plutón en Géminis en la Casa III, la de los hermanos, y además estaba la Luna y Neptuno formando una triple conjunción. —Pienso que con unos hermanos así, era para tener miedo.

La fatalidad de la muerte de Harpo estaba reflejada en el reloj de las muertes entrañables, el ciclo de 96 años. Al llegar el atacir del Ascendente, al lugar de Marte en la Casa X, el escenario de las muertes de los hermanos, (VIII de III) al mismo tiempo que el atacir del Mediocielo

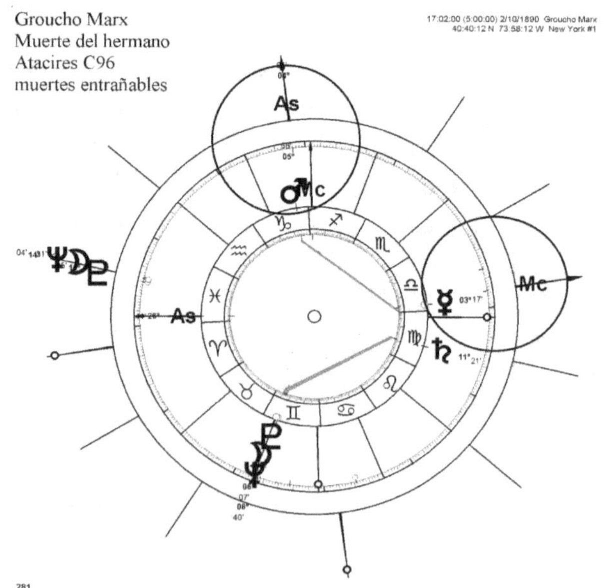

llegaba al lugar de Mercurio, el planeta de los hermanos y "máximo dispositor", ocurrió la fatalidad de la muerte del hermano.

Cuando Saturno y Plutón están formando conjunción o malos aspectos desde la Casa IV, significa tiempos dolorosos en el ámbito familiar, y luego son personas que experimentan fatalidades y temores a perder su familia. Y si en esa configuración interviene el Sol entonces significa una relación de pareja que acaba siendo un fatalidad y que recibe un mal trato que las hace temerosas. Y si interviene la Luna la fatalidad es la desafección causada por la pareja además de trato vejatorio en el hogar.

Si Saturno y Plutón están en conjunción en Leo, señala herederos de los bienes familiares, personas que pueden llegar a acumular fortunas y se cumple el dicho de que los maléficos se quitan el daño entre sí.

Un caso, obviamente exagerado, es el de **Steve Forges Junior**, Es el editor de la revista de negocios *Forbes*, la cual lleva como emblema su propio apellido. Sus 20 años de mandato en esta casa editorial coinciden con el declive de las publicaciones y del imperio de la familia Forbes. Esta es una fatalidad que no lo es tanto.

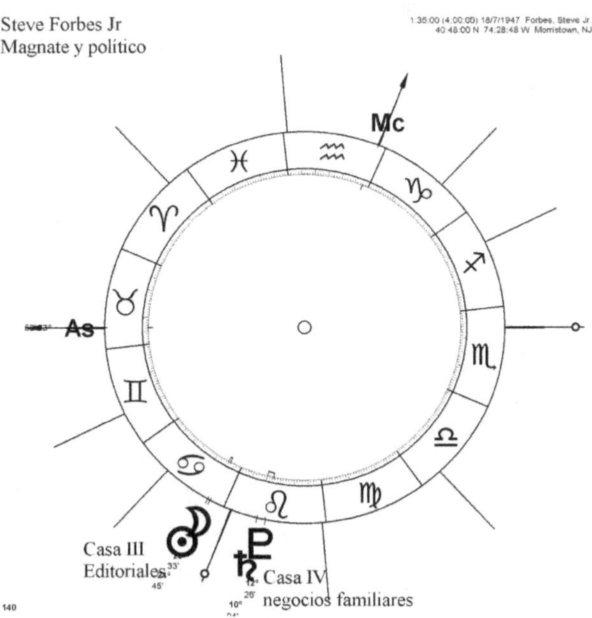

Cuando la conjunción o los malos aspectos entre Saturno y Plutón ocurren en la Casa V, señala un padre malogrado, una madre dominante con una muerte llamativa, y un temor o rechazo a tener hijos.

Cuando Saturno y la Luna están juntos en la Casa VI, o bien se forman malos aspectos entre ellos, el temor, los miedos, proviene del mundo del trabajo donde la persona suele asumir cargos de poder y de mucha responsabilidad que luego son fuente de temores, o mejor, los temores que la persona siente están relacionados con su trabajo, y los tiempos dolorosos coinciden con la pérdida del poder o las responsabilidades laborales,

Si la conjunción o los malos aspectos entre Saturno y Plutón ocurren en la Casa VII, los temores se centran en la pareja y suele significar al menos una ruptura, y una pareja controladora y dominante, insensata, imprudente o temeraria que causa temores y arrastran consigo alguna fatalidad, en lenguaje vulgar: "Tienen mal fario, o mala suerte".

Por otro lado suelen sentirse perseguidos u hostigados o tienen enemigos y competidores poderosos que les causan perjuicios, temores y angustia. Y en muchos casos el padre deja a la familia o muere pronto.

Cuando Saturno y Plutón se encuentran en la Casa VIII, la fatalidad y los temores pueden estar originados a causa de un abuso sexual, como le ocurrió a la actriz y cantante española **Marisol**. Como niña prodigio, tuvo un gran éxito en la década de los sesenta en España. El estreno de su primera película *Un rayo de luz* en 1960 la convirtió en una figura paradigmática y un fenómeno social.

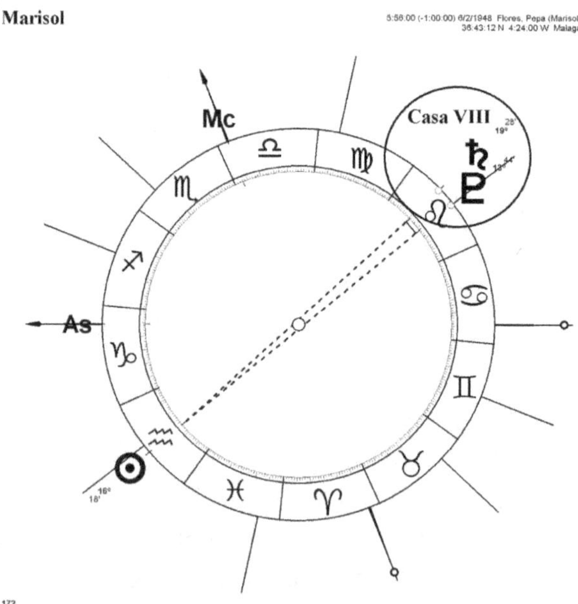

La influencia de Plutón puede ser mucho más dramática y dejarse notar como un final fatal que se cumple de la peor manera, como le sucedió a **Benito Mussolini**, el político, militar y dictador italiano, líder del Partido Nacional Fascista y del Partido Fascista Republicano; y presidente del Consejo de Ministros Reales de Italia desde 1922 hasta 1943.

Eros o muerte son las dos formas clásicas de la influencia de Plutón en la Casa VIII.

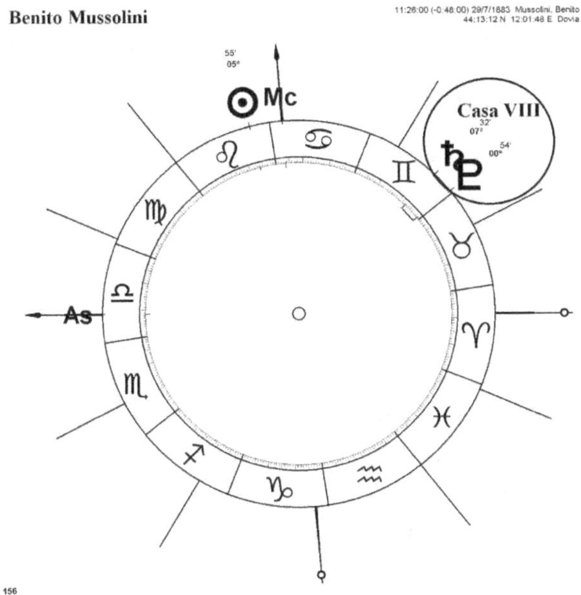

Cuando Saturno y Plutón se encuentran en la Casa IX, en conjunción o formando malos aspectos, en muchos casos las fatalidades suelen ocurrir en el ámbito académico, con desencuentros con personajes autoritarios o excluyentes en el ámbito laboral, suelen ser personas a las que les hacen el "vacío" o que les hacen *mobbing*, lo que al final las hace temerosas en esos ambientes.

En otros casos los temores se desplazan al extranjero, los viajes y la relación con personajes extranjeros, de quienes pueden recibir mal trato, o sentir xenofobia, hostilidad o desdén. Miedo al rechazo en esos ambientes. Temor a los religiosos, como ocurre con **Salman Rushdie**, que está amenazado por integristas religiosos y casi lo asesinan a raíz de la publicación de su novela " Los versos satánicos".

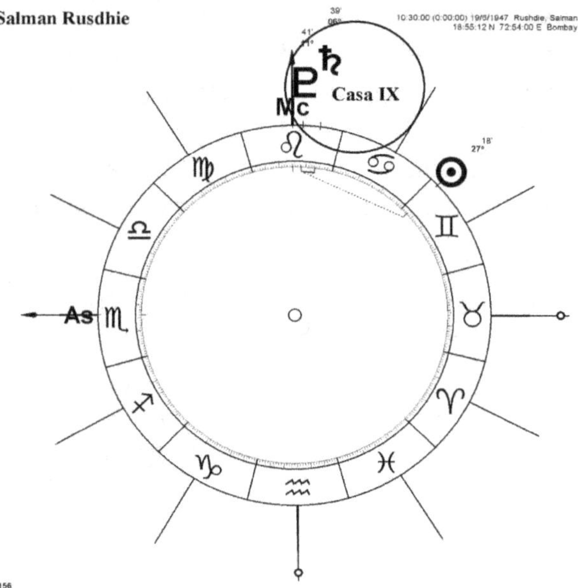

Cuando Saturno o Plutón ocupan la Casa X, formando conjunción o malos aspectos, se pueden esperar fatalidades variadas que se hacen públicas: suicidios, accidentes mortales, defenestraciones profesionales, asesinatos y cosas tremendas o fatales que causan miedos, temores o la propia muerte de la persona, en muchos casos a causa de sus imprudencias, o su forma temeraria de pensar o actuar.

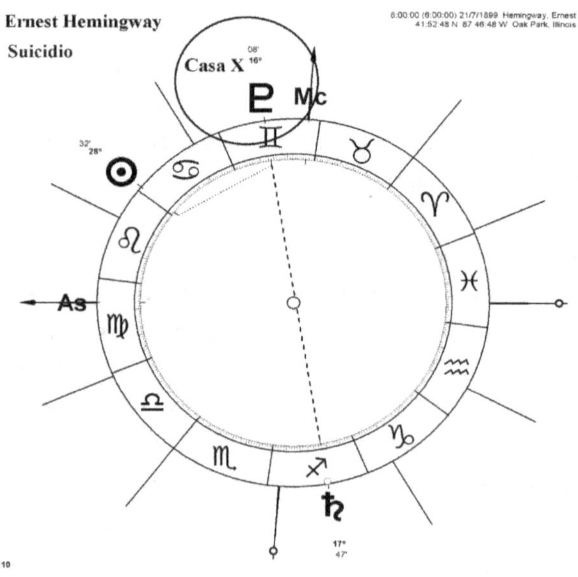

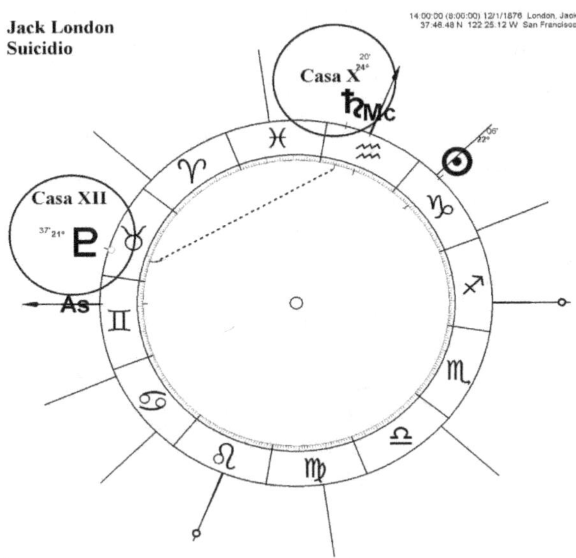

James Dean, considerado un icono cultural, un símbolo americano por excelencia, su duradera fama y popularidad se basan en sus actuaciones en tres películas: *Rebelde sin causa*, *East of Eden* y *Gigante*. Su muerte prematura en un accidente automovilístico cimentó su estatus de leyenda.

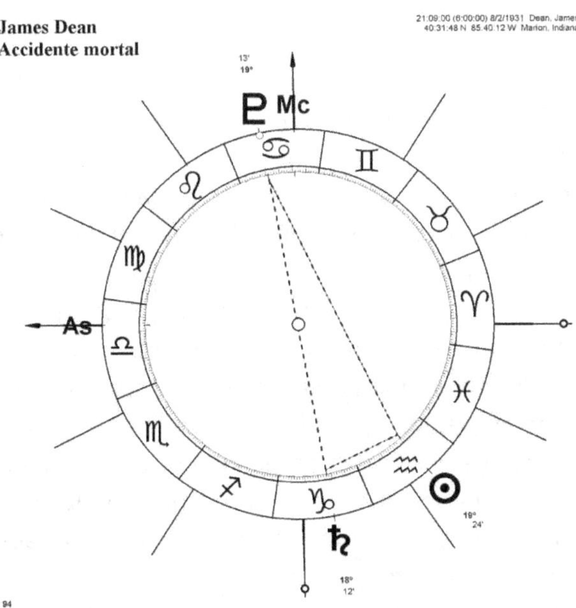

Lee Harvey Oswald, fue un ex infante de marina estadounidense acusado de asesinar a John F. Kennedy, presidente de los Estados Unidos, el 22 de noviembre de 1963. Negó las acusaciones, pero dos días después, Oswald fue asesinado a tiros cuando era trasladado a declarar a los tribunales en vivo y visto por la televisión en todo su país sorprendiendo a los alguaciles texanos que nada pudieron hacer por evitarlo.

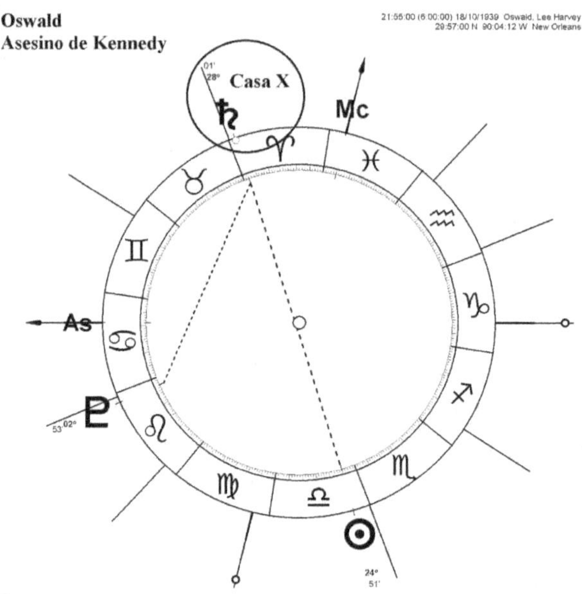

Wilhelm Reich, fue inventor, médico, psiquiatra y psicoanalista austriaco, de origen judío, nacionalizado estadounidense. Es célebre por sus contribuciones a la sexología, a la terapia psicoanalítica, su compromiso en favor de la liberación sexual (la función del orgasmo) y sus investigaciones sobre la "energía de orgón".

La teoría de Reich trataba sobre los "orgones", planteaba que la armadura corporal no le permitía a las personas alcanzar un orgasmo completo y por ello no podían liberarse de sus represiones. Escribió que cuando la sesión era exitosa, podía ver olas de placer atravesando el cuerpo de su paciente, lo que llamó el "reflejo orgásmico". Inventó una caja con madera, lana y tejido de hierro donde metía a sus pacientes para ayudarles a recuperar la función del orgasmo. A causa de ello lo detuvieron y murió en la cárcel de Lewisburg, en Pensilvania, EE.UU, el 3 de noviembre de 1957. La muerte de Reich estaba señalada en el ciclo de 45 años, el reloj de las muertes asistidas, cuando falleció, el atacir de Marte llegaba justo a la cúspide de la Casa VIII en Virgo formando oposición con Mercurio que es el regente de la Casa VIII, al mismo tiempo que el atacir de Mercurio llegaba al planeta Neptuno que se relaciona con lo que ocurre en hospitales y centros de internamiento. Lo que significa que Reich no murió por muerte natural, sino que fue asesinado.

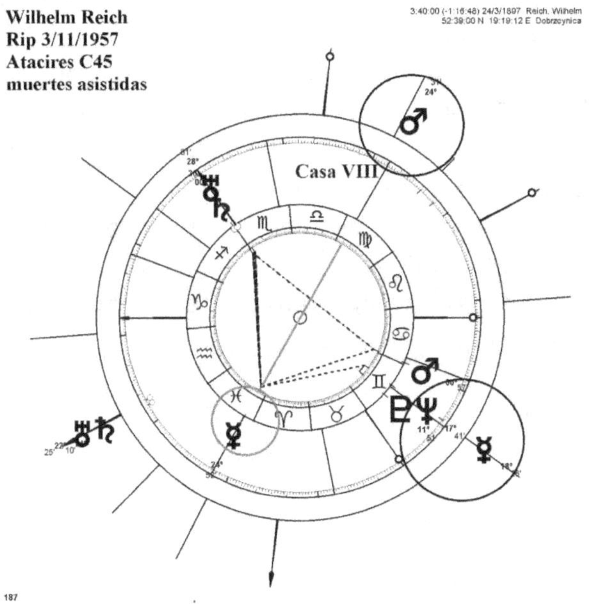

Según escribe Osvaldo Baigorria, cuando murió en una cárcel norteamericana, atrapado por los "pequeños fascistas" de los que había huido toda su vida, Reich había conseguido esconder unas doscientas cajas con material para ser abierto sólo 50 años después de su muerte.

El objetivo era salvar sus papeles del macartismo. El material no era menor: Reich fue médico, miembro de la Asociación Psicoanalítica, estudiante de neuropsiquiatría, asistente en el Policlínico vienés dirigido por Freud y un psicoanalista que se alejó de la burguesía para trabajar con las clases obreras cuando los partidos comunistas desconocían el psicoanálisis. Además, fue pionero de los reclamos por anticonceptivos gratuitos, derechos reproductivos, derogación de leyes contra el aborto y la homosexualidad y modificación de leyes sobre matrimonio y divorcio. Ahora, a 50 años de su muerte, la Universidad de Harvard anunció que abrirá aquellas cajas del autor de Psicología de masas del fascismo, un hombre que murió solo y encerrado tras décadas de lucha por la liberación de todos.

Lo único que falta añadir al artículo de Osvaldo, es que su muerte fue asistida, deliberada y no natural. Su forma de pensar en esos años se consideró subversiva y peligrosa para el modelo de vida americano de esos años 50.

Cuando Saturno o Plutón están mal configurados en la Casa XI, los amigos son de temer. Lo peor de Plutón en Casa XI opuesto a Saturno en V, lo tenemos con el ejemplo de Benigno Aquino.

Benigno Aquino, nacido en Filipinas trabajó en primer lugar como periodista, recibió como premio a su labor, la "Legión de Honor". Fue alcalde a los 22 años, vicegobernador a los 27 y gobernador de su provincia, a los 29, perseguido por sus ideas fue condenado a muerte en 1977, pero la sentencia no fue ejecutada. En mayo de 1980, se le permite exiliarse en los Estados Unidos, de donde regresó a su país tres años más tarde, donde fue asesinado en cuanto descendió del avión en el propio Aeropuerto Internacional de Manila.

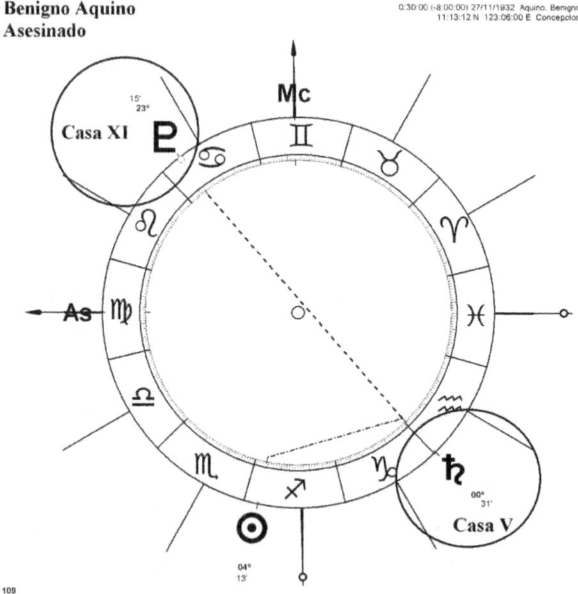

Benigno Aquino fue asesinado en la escalerilla del avión, eso es algo que se refleja en Urano, que son los aviones, en la Casa VIII, el escenario de las muertes. El día de su asesinato, el atacir de Plutón se coloca sobre Neptuno en la Casa XII, el teatro de los enemigos secretos y el atacir de Saturno está justo en la cúspide de la Casa VII, el escenario de los enemigos declarados, quienes finalmente le dieron muerte.

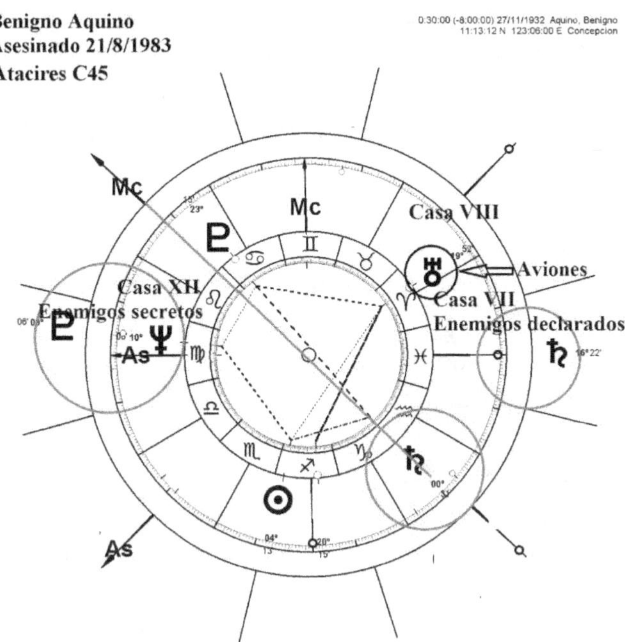

En este caso se unieron alguno de sus amigos o ministros de su etapa de presidente, Plutón en XI, con sus enemigos secretos, Neptuno en Casa XII, Las fatalidades que hacen temer desgracias o adversidades asociadas a los malos aspectos de Plutón y Saturno, pueden fluir de muchas maneras, y aunque la Casa XI no es de las peores, también deja notar la fatalidad propia de estos planetas maléficos.

Otro caso que nos puede servir de ejemplo es el de Marie Curie; la física y química ganadora del Premio Nobel, quién tuvo la fatalidad de perder a su marido. Pierre Curie quien murió tras sufrir un accidente. Como un día más de trabajo, el físico salía de camino a su laboratorio por

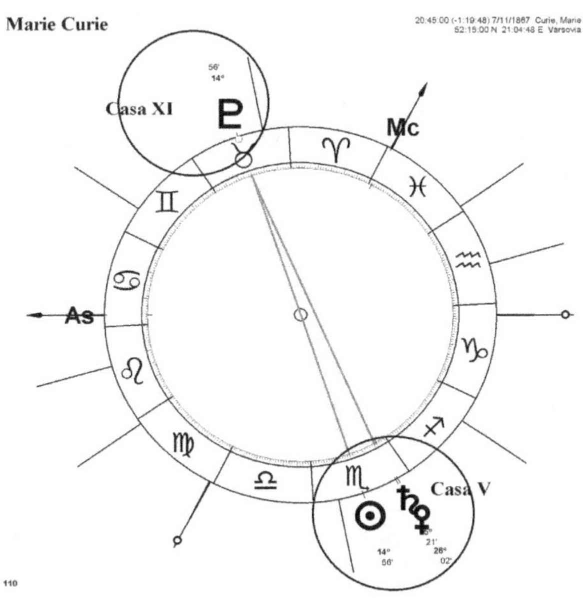

las calles de París, cuando, de repente, fue atropellado por un coche de caballos provocándole la muerte inmediata.

Marie Curie tenía a Plutón en la Casa XI, "mal recibido" por el regente Venus que su vez forma conjunción con Saturno. Además Plutón formaba una oposición muy cerrada con el Sol, y tanto el Sol como Venus son representadores de todo lo que le ocurre al esposo de una mujer. Una muerte fatal.

Conozco casos donde los temores o las fatalidades son causados, en unos casos por un padre desconocido o inexistente, y en otros un padre que causa temor o un padre poderoso, o autoritario, que en muchos casos es rico y favorece económicamente a la persona.

Saturno y Plutón en la Casa XII

Si Saturno se encuentra formando conjunción o tiene mala configuración con Plutón, en la Casa XII los temores, en muchos casos son inconscientes, en otros a causa de enfermedades que restan movilidad o son degenerativas, miedos a la enfermedad, y en otros casos causados por personas tóxicas que provocan temor, y también fatalidades con el padre quien puede llegar a suicidarse a una edad temprana. Y en el caso de las mujeres, si además forman oposición con el Sol, puede ocurrir igualmente el suicidio del marido.

En el caso de las mujeres, cuando Plutón en la Casa XII forma cuadratura con Saturno, la fatalidad tiene que ver con los abortos, generando un miedo a padecer malogros con los embarazos y problemas para tener hijos. Mientras que en los hombres, la cuadratura de Saturno con Plutón desde la Casa XII, suele impedir la paternidad o genera miedo, temor a ser padre o como padre dejan mucho que desear, son malos padres.

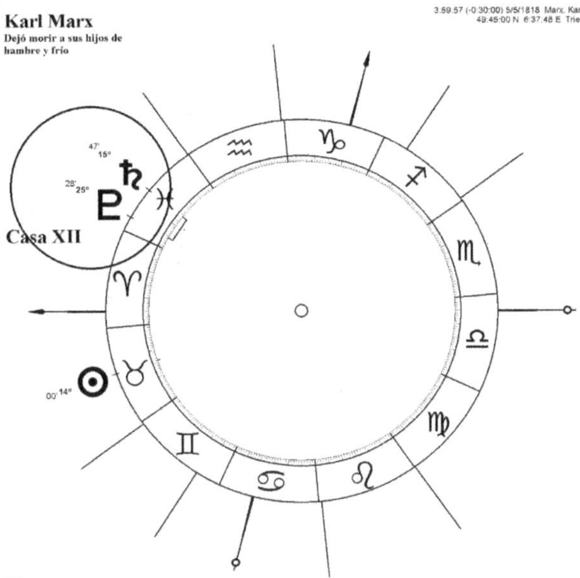

Karl Marx, fue un filósofo, economista, sociólogo, historiador, periodista, intelectual y político comunista alemán de origen judío. Su vasta obra abarca diferentes campos del pensamiento en la filosofía, la historia, la ciencia política, la sociología y la economía.

En ambos casos puede dar solo un hijo varón que causa temores variados o bien la pérdida de hijos por hambre o por frío, como ocurrió con Karl Marx, que fue un pésimo padre quien tuvo fatalidades con oscuras circunstancias en torno a la muerte, por hambre y frío de algunos de sus hijos, un hombre que en determinado momento, prefirió ver agonizar a los suyos antes de cruzar la calle y aceptar un empleo como profesor de idiomas en el instituto de uno de sus amigos cercanos con el fin de cubrir las necesidades elementales de su familia. Y dos de sus hijas acabaron en suicidio.

Capítulo VII

Tristeza, melancolía y depresión. El riesgo de suicidio. Venus y la Luna

Los trastornos del alma. Luna Venus y la tendencia a la depresión y al suicidio

La melancolía tiene mucho que ver con la tristeza, el desconsuelo, el sentirse abatido y deprimido de forma permanente. Es un trastorno del alma originado en causas físicas, psicológicas o morales, que hace que quien la padece no encuentre gusto ni diversión en nada.

Desde el punto de vista astrológico, Venus está relacionada con los estados de alegría, mientras que la Luna es fiel reflejo de los sentimientos, y cuando ambos planetas forman oposición o malos aspectos se pueden experimentar estados de tristeza, abatimiento y melancolía, todo ello abre las puertas a la depresión y en el peor de los casos al suicidio.

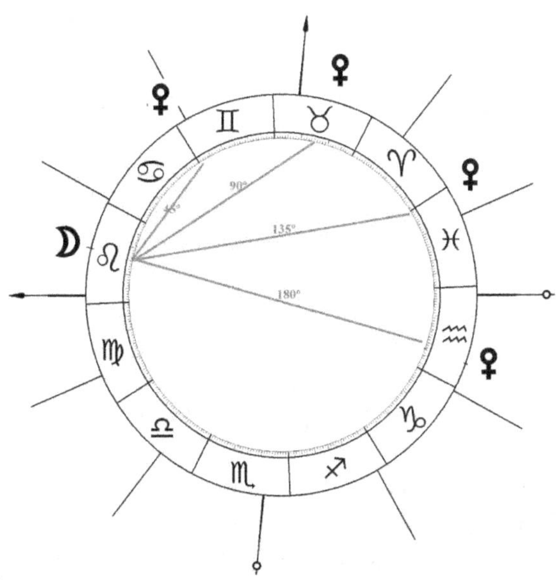

Cuando la Luna y Venus forman cuadratura, en el caso de los hombres, se influencia se deja notar a través del rechazo a los femenino, una dificultad para llevar una vida sentimental fluida con las mujeres, lo que en algunos casos puede significar tendencias homosexuales o un retraimiento sobre las mujeres o un mal entendimiento con ellas.

En muchos casos la relación con la madre se interrumpe en una edad temprana, casi todos se sintieron abandonados por su madre o mermados en amor materno, son personas que suelen tener en su recuerdo un desamor. En general no tuvieron la carga afectiva necesaria para poder desarrollar adecuadamente la capacidad de amar. En los hombres es un desgarro difícil de llevar, una amargura interna con el sexo opuesto, una dificultad enorme o casi una imposibilidad para formar familia, por la incapacidad para manifestar sus sentimientos. Muchos hombres se quedan solteros o desarrollan un cierto grado de misoginia, mientras que sobre las mujeres pesa un desamor familiar, una ruptura sentimental que les merma en su capacidad de manifestar sentimientos. En estos casos la tendencia al suicidio no supera el 10% de los casos.

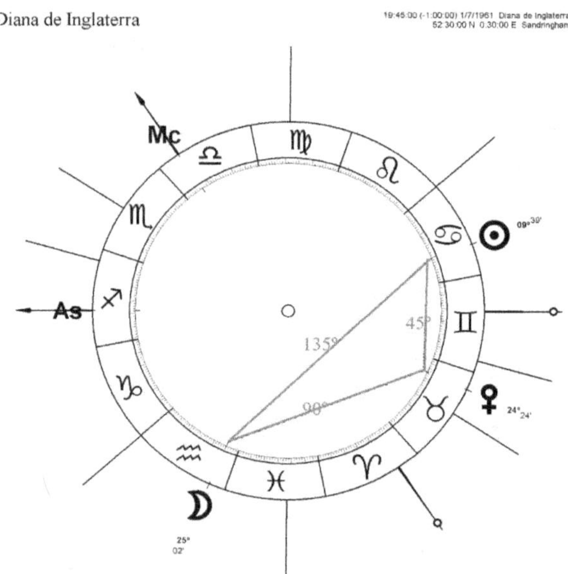

Diana de Inglaterra. Nació en Sandringham Norfolk, el 1 de julio de 1961, también conocida como Lady Di, fue una activista, filántropa y aristócrata británica. Fue la primera esposa de Carlos III y madre de los príncipes Guillermo y Enrique. Su activismo y estilo la convirtieron en un ícono internacional, ganando una popularidad perdurable. Diana nació en la nobleza británica y creció cerca de la familia real, en la finca de Sandringham. En 1981, mientras trabajaba como asistente de maestra de guardería, se comprometió con Carlos. Su boda se celebró en la Catedral de San Pablo.

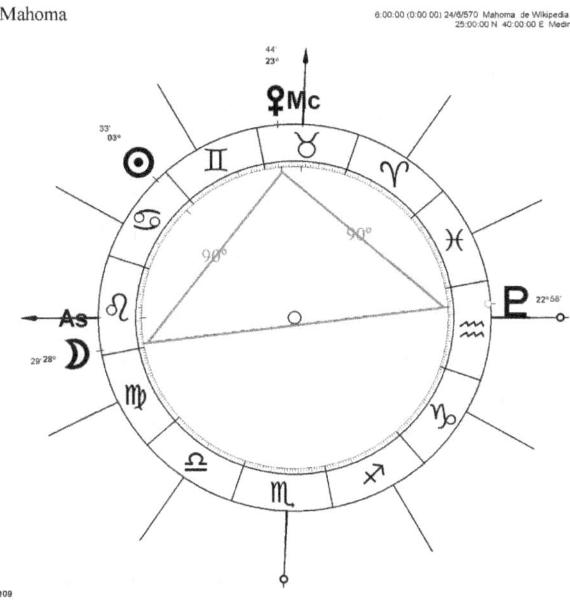

Mahoma, nació el 26 de abril del 570, en la mayor parte de las corrientes del islam como sunismo y chiismo, se considera a Mahoma como "el último de los profetas" fue el fundador del Islam.

El caso de Mahoma refleja bastante bien la influencia de la cuadratura de Venus con la Luna. Todo parece indicar que este hombre desarrolló un cierto grado de misoginia que transmitió a sus seguidores, y su relación con las mujeres acabó de la peor manera. Una de sus esposas acabó con su vida y lo envenenó.

Andrés Manuel López Obrador, político populista de la izquierda mexicana, la mala influencia de este aspecto recayó sobre su primera esposa quién murió a edad temprana el 12 de enero de 2013.

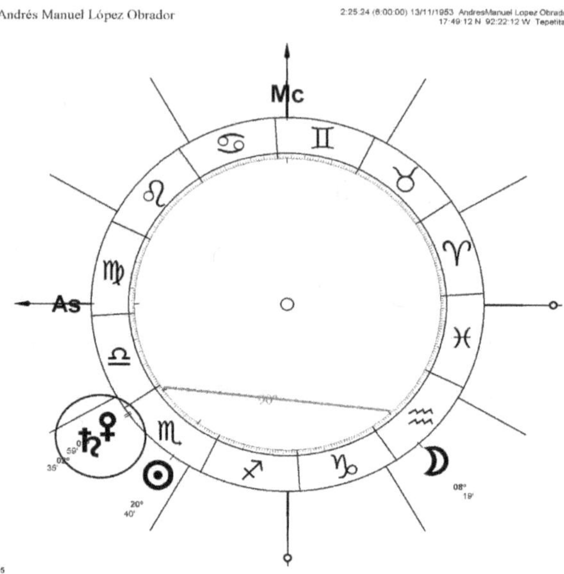

Al calcular los atacires del ciclo de 96 años, el reloj de las muertes entrañables, se observa que el atacir del Medio Cielo está el grado 8 de Acuario, justo donde está la Luna, y además el atacir del Ascendente está en la Casa VIII, en el grado 8 de Tauro, formando cuadratura con la Luna.

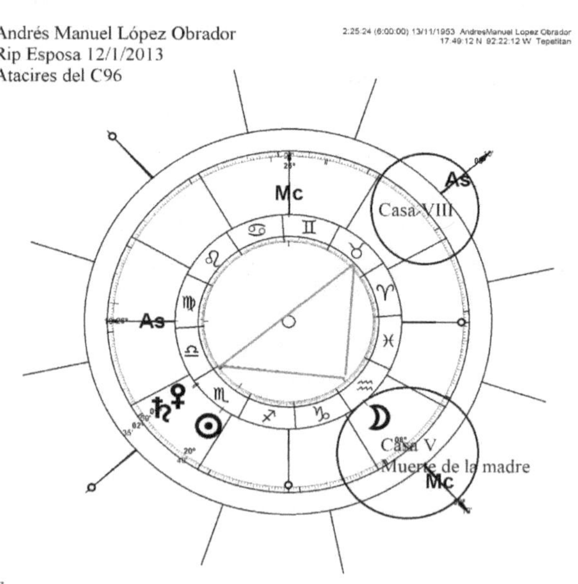

Fidel Castro Díaz-Balart hijo de Fidel Castro Ruz tampoco le fueron muy bien las cosas con las mujeres. En este caso el asunto es más complicado porque tiene a Neptuno junto a Venus y Saturno junto al Sol, lo que sin duda influyó en su tendencia depresiva y su suicidio.

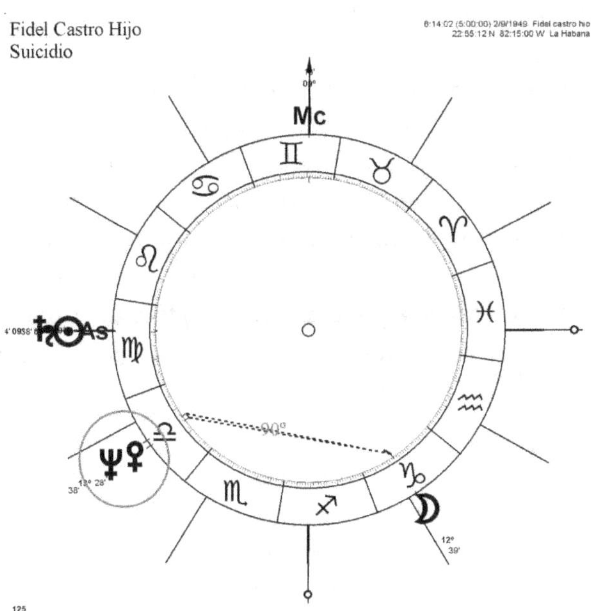

Fidel Castro Hijo
Suicidio

Woody Allen, nació el 30 de noviembre de 1935 en Nueva York; es un director de cine, actor y comediante estadounidense. Su prolífica carrera abarca más de seis décadas durante las cuales ha filmado en torno a medio centenar de películas.

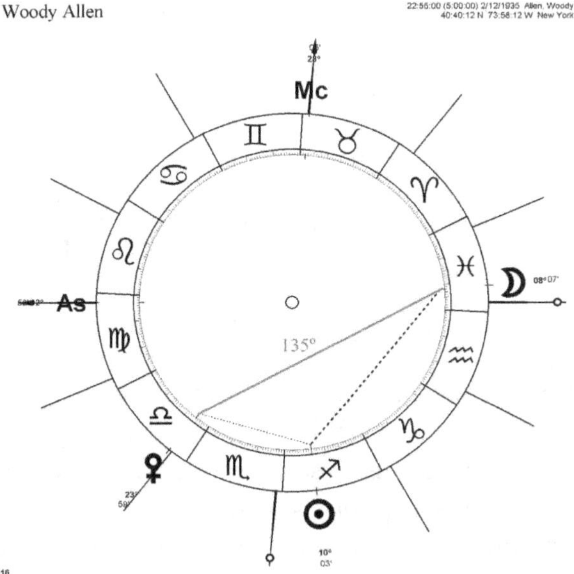

Woody Allen

La relación con las mujeres de Woody Allen ha sido bastante compleja y la influencia de Venus en Libra, formando sesquicuadratura con la Luna en la Casa VII refleja muy bien la interrupción de su matrimonio y también la boda con su hijastra, todo muy complicado.

Semicuadratura de la Luna y Venus

La semicuadratura de la Luna con Venus señala conflictos emocionales con la pareja sentimental con un cierto riesgo a una ruptura con la primera pareja. Se sienten demasiado exigidos, se les pide más de lo que están dispuestos a dar, tanto a nivel afectivo como en el terreno material. Por ello este aspecto no es muy grato para las cuestiones sentimentales, suele señalar uniones poco estables o de difícil convivencia. Venus también se deja notar a través de las hijas que son fuente de preocupación

Un caso claro es el del Rey de España Felipe VI, su esposa Letizia y su dos hijas, a cual más quisquillosa.

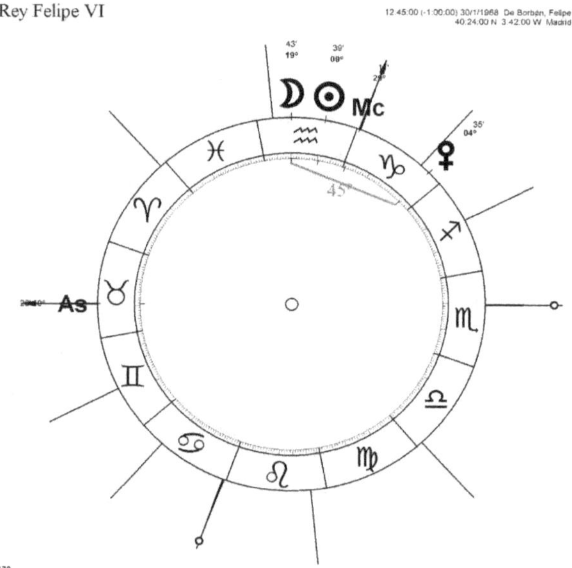

El rey Felipe tiene a la Luna formando semicuadratura partil, a menos de 8 minutos, con el planeta Venus en Capricornio en la Casa VIII, el escenario de los dramas. —le pasa poco a este hombre con las mujeres.

El cineasta Pedro Almodóvar tiene a la Luna en Cáncer, en Gozo en la cúspide de la Casa III, formando semicuadratura con Venus en Virgo en la Casa IV, el teatro de la vida familiar. Este hombre pasó su juventud rodeado de mujeres, debido a que los hombres eran arrieros y casi nunca andaban en casa. No se conoce bien su historia pero el hombre acabó aborreciendo a las mujeres, no hay más que ver los estereotipos femeninos de sus películas, fruto de su mala experiencia con ellas.

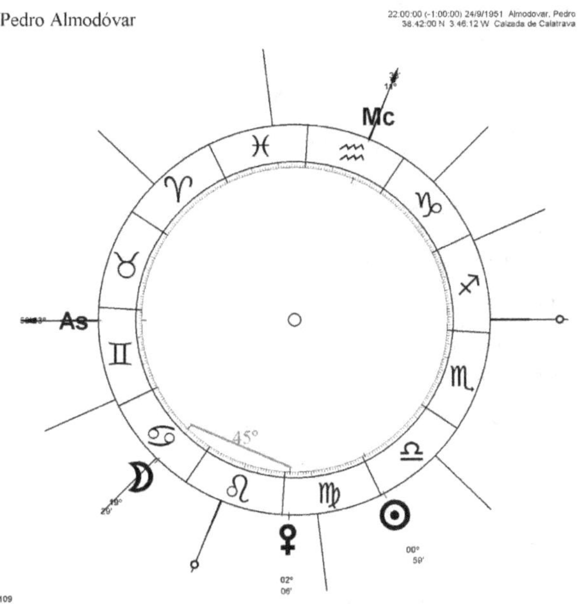

Oposición Venus-Luna

La oposición de Venus con la Luna es el peor aspecto que se puede formar con estos planetas. Este aspecto suele señalar una privación sentida como injusta, representa alguna insatisfacción sentimental, y en el peor de los casos puede indicar una frustración afectiva. En muchos casos se trata de personas que tienen intensas experiencias afectivas con decepciones sentimentales, pérdidas de un ser querido o falta de hijos.

A causa de todos esos sucesos que se mantienen vigentes en el inconsciente y que suelen desencadenar periódicamente situaciones emocionales cargadas de resentimiento, tal parece como si no hubieran podido asumir la carencia o la pérdida, y necesitan estallar cíclicamente, y liberarse de sus emociones internas.

Normalmente se trata de personas que creen que no las quieren lo suficiente, o que nunca tienen bastantes pruebas de afecto o aprecio. Quizás por ello, su vida emocional está casi siempre sobre un hilo tenso difícil de armonizar, pues para ellos supone la entrega incondicional.

Este aspecto genera tristeza, desconsuelo, con estados de abatimiento, tendencia recurrente a la depresión y, en el peor de los casos, al suicidio.

El domingo 2 de julio de 1961, **Ernest Miller Hemingway** se voló la cabeza con su escopeta de caza. ¿Por qué ese hombre cuyos personajes consideraban el suicidio como una cobardía decidió terminar con su vida de ese modo? —Se preguntaba Yefferson Ospina, el autor del artículo.

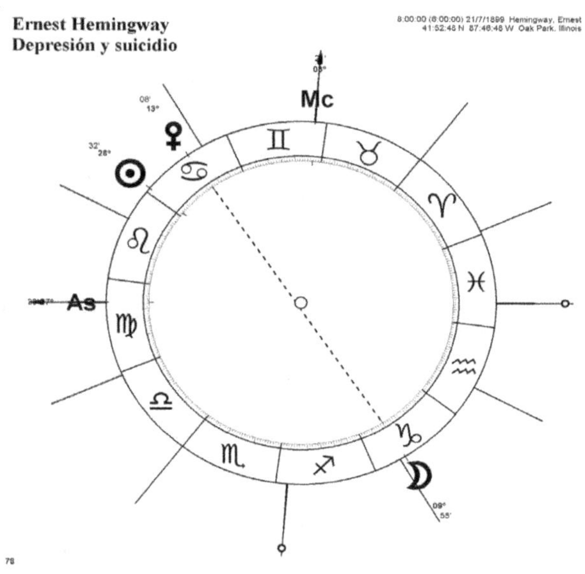

El día de su muerte, en el ciclo de 156 años (13x12), el reloj de todas las muertes, el atacir de la Luna llegaba justo el Medio Cielo, donde todo se hace público y notorio, el atacir de Venus llegaba al Fondo de Cielo, el "final de todas las cosas" y al mismo tiempo, el atacir del Ascendente formaba oposición con el Sol. Y así se escenificó la influencia de la oposición de la Luna y Venus.

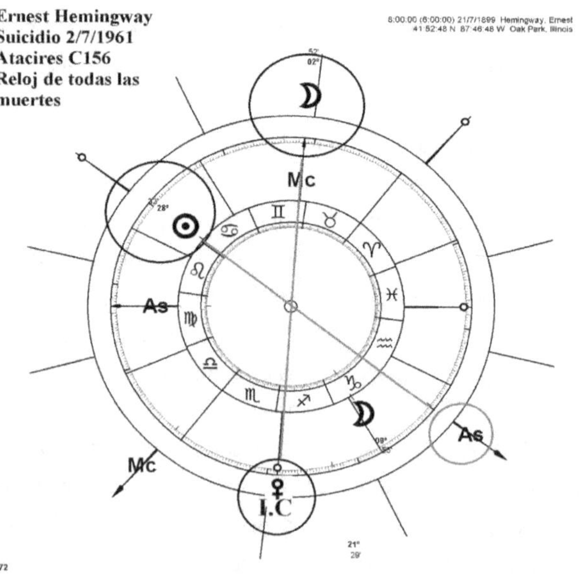

Simone Weil. Según escribía Rafael Narbona, un mes antes de morir Simone Weil, escribió una carta a su amigo y compañero Francis-Louis Closon, manifestando su agotamiento físico y mental: "Estoy acabada, rota, más allá de cualquier posibilidad de reparación".

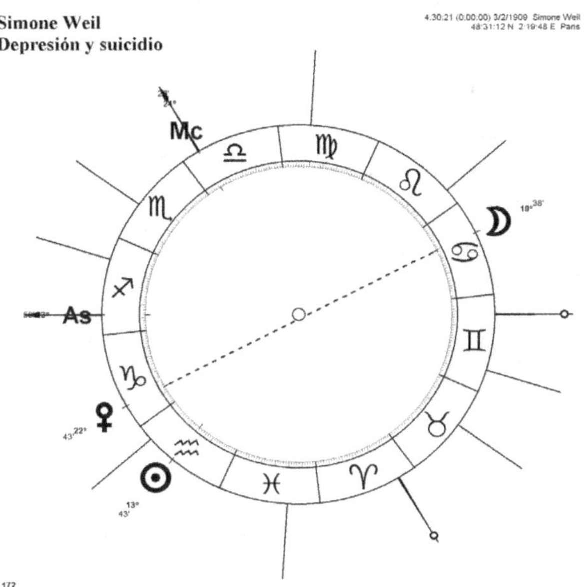

El escritor, político y periodista Maurice Schumann, observó que parecía "un espíritu casi desprendido de la carne"... Cuando los médicos insistían en que se alimentara mejor, descansara y se animara un poco, respondía: "No puedo sentirme feliz ni comer a gusto cuando siento que mi pueblo sufre". O bien: "no estaré aquí mucho tiempo".

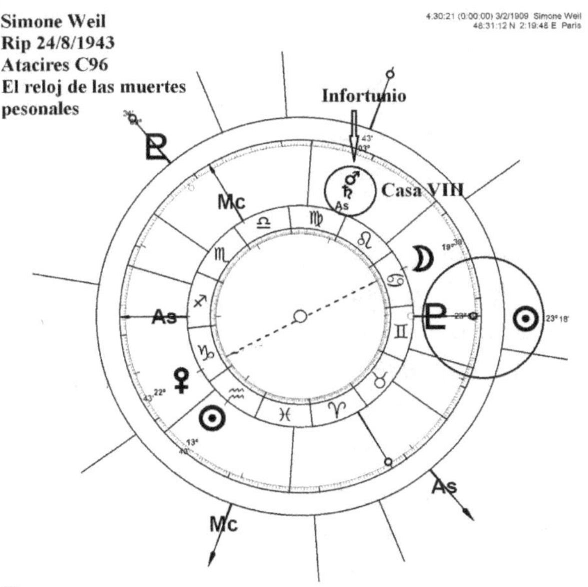

Murió el 24 de agosto de 1943. Un juez de instrucción ordenó una investigación y, tras examinar los informes médicos, dictaminó suicidio. Sin embargo, su muerte estaba señalada en los atacires del ciclo de 96 años, el reloj de las muertes naturales, cuando el atacir del Sol llegaba al mismo grado de Plutón, y el Bajo Cielo, el que señala el final de las cosas, llegaba al Parte arábigo del Infortunio en la Casa VIII.

La actriz española **Verónica Forqué** fue hallada muerta lunes 13 de diciembre de 2021, en su domicilio madrileño como consecuencia de un suicidio. La autopsia practicada al cadáver de Verónica Forqué confirmó que se quitó la vida en su domicilio. La actriz presentaba una lesión traumática en el cuello, de acuerdo al estudio forense, que no ha encontrado restos de ningún tipo de sustancia o pastillas. La causa de la muerte se debió a una asfixia mecánica del cuello por ahorcadura, no habiéndose encontrado ningún otro hematoma ni tampoco ningún indicio que apunte a la ingesta en las horas previas al fallecimiento de ninguna sustancia.

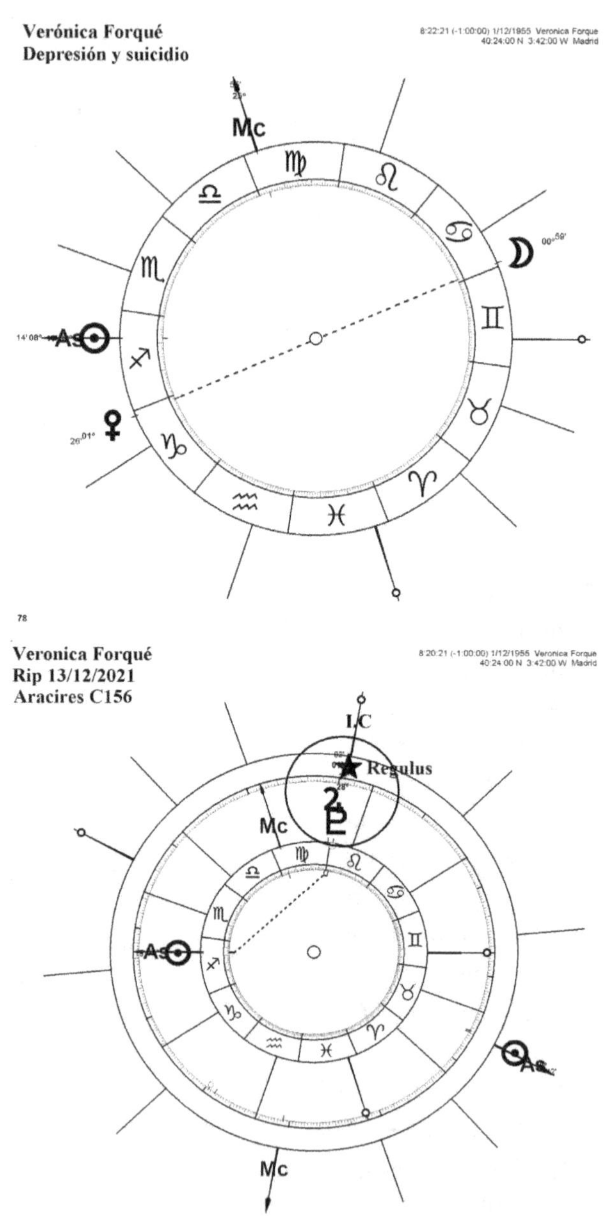

Verónica Forqué
Depresión y suicidio

8:22:21 (-1:00:00) 1/12/1955 Veronica Forque
40:24:00 N 3:42:00 W Madrid

Veronica Forqué
Rip 13/12/2021
Aracires C156

8:20:21 (-1:00:00) 1/12/1955 Veronica Forque
40:24:00 N 3:42:00 W Madrid

El día de su muerte, en el ciclo de 156 años, el reloj de todas las muertes, el atacir del Bajo Cielo, que señala el fin de todas las cosas, llegaba a la conjunción de Júpiter y Plutón formando una cuadratura siniestra con el Sol en Sagitario que está mal recibido por su regente Júpiter. En ese mismo punto está la estrella Régulus que tiene un punto de estrella cóndor. Verónica se ajustició y no sabe porqué

Robin Williams, el 11 de agosto de 2014, se quitó la vida en su residencia en el californiano condado de Marin, al norte de San Francisco. El actor se suicidó al poco tiempo de empezar a notar los síntomas de la demencia con cuerpos de Lewy, un atroz síndrome degenerativo y progresivo del cerebro. Su muerte sobrecogió a una sociedad en la que estar mal psicológicamente tenía un gran estigma. El 7 de noviembre de 2014, la muerte del actor fue oficialmente declarada como suicidio a causa de «asfixia por ahorcamiento» tras obtenerse los exámenes toxicológicos, los cuales confirmaron la ausencia de alcohol o drogas ilícitas.

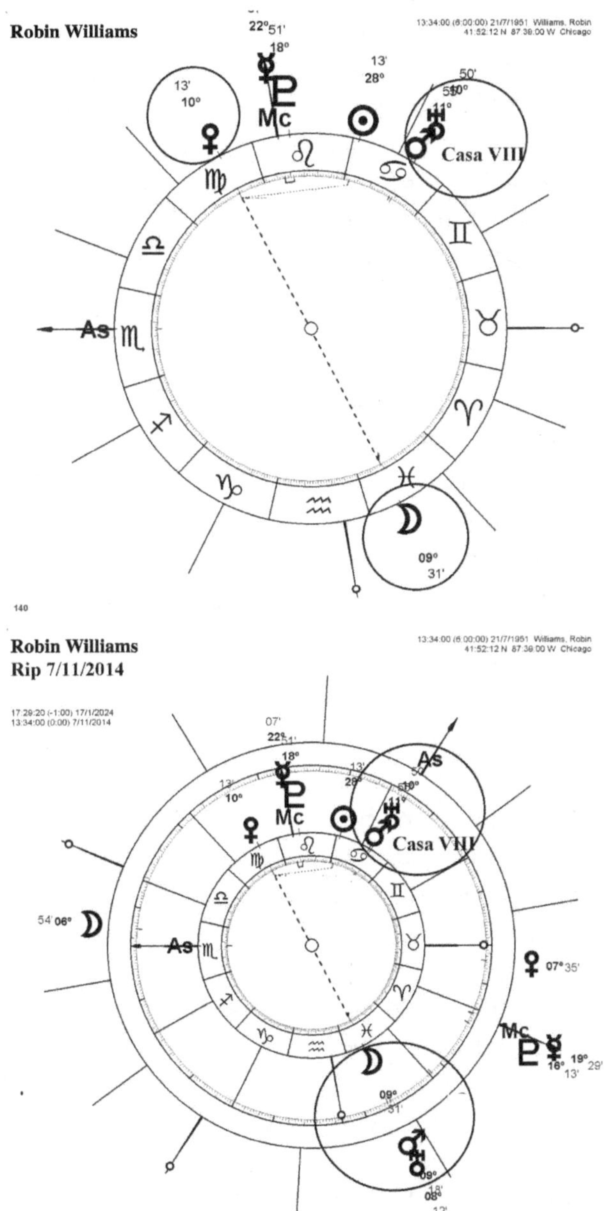

Robin Williams, murió en el ciclo de 96 años, el reloj de las muertes naturales, cuando el atacir del Ascendente llegaba a la conjunción de Marte y Urano en la Casa VIII, al mismo tiempo el atacir de Urano y Marte llegaban al lugar de la Luna.

Ana María Pierangeli, tenía a Venus en la Casa VIII "mal recibida" por la Luna que le formaba la fatídica oposición. El 10 de septiembre de 1971, murió por una sobredosis de barbitúricos, a los 39 años de edad. Al parecer, tenía un problema depresivo. Aparentemente, poco tiempo antes de su muerte había dicho que James Dean había sido el único verdadero amor de su vida.

Cuando Ana María se suicidó, en el ciclo de 45 años, el reloj de los suicidios, había al menos cuatro ataciras señalando el desgraciado evento. Por un lado, el atacir de Júpiter que es el regente natal, llegaba a la cúspide de la Casa VIII, al mismo tiempo, el atacir de Neptuno, que tiene mucho que

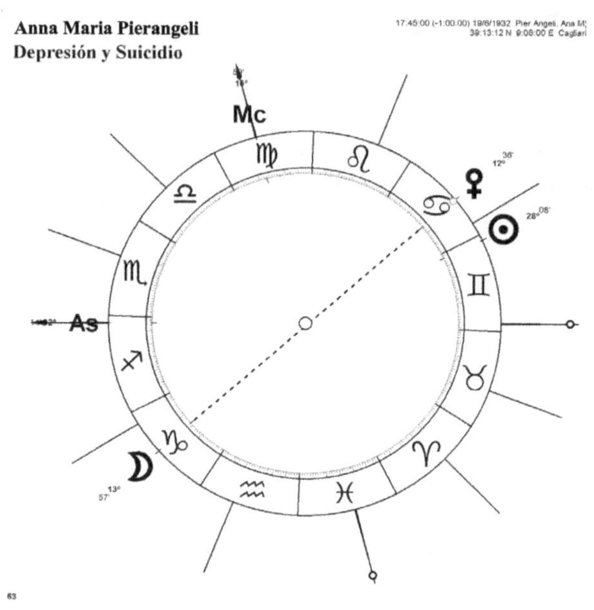

Anna Maria Pierangeli
Depresión y Suicidio

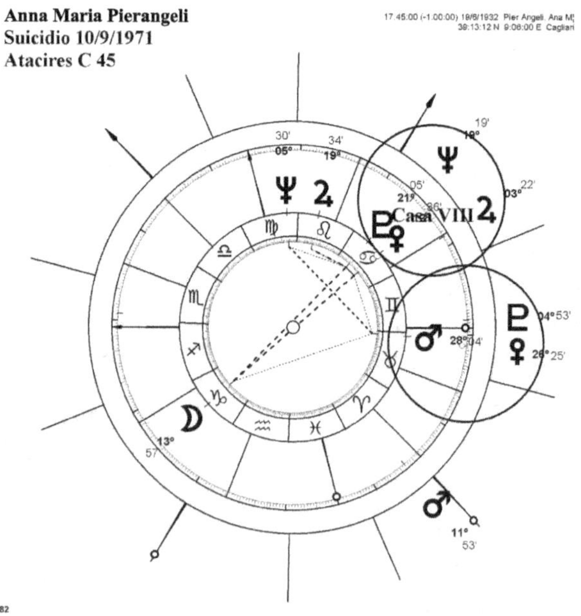

Anna Maria Pierangeli
Suicidio 10/9/1971
Ataciras C 45

ver con los narcóticos, se colocaba sobre Plutón en la Casa VIII, y el atacir de Venus sobre Marte, además el atacir de Plutón a menos de dos grados de la oposición al Ascendente.

Finalmente todo da para pensar que el amor la mató.

Violeta Parra, la historia de la música popular chilena recuerda que a las 17:45 del día domingo 5 de febrero de 1967, en su carpa de La Reina, la folclorista acabó con su vida disparándose en la sien derecha con un revólver.

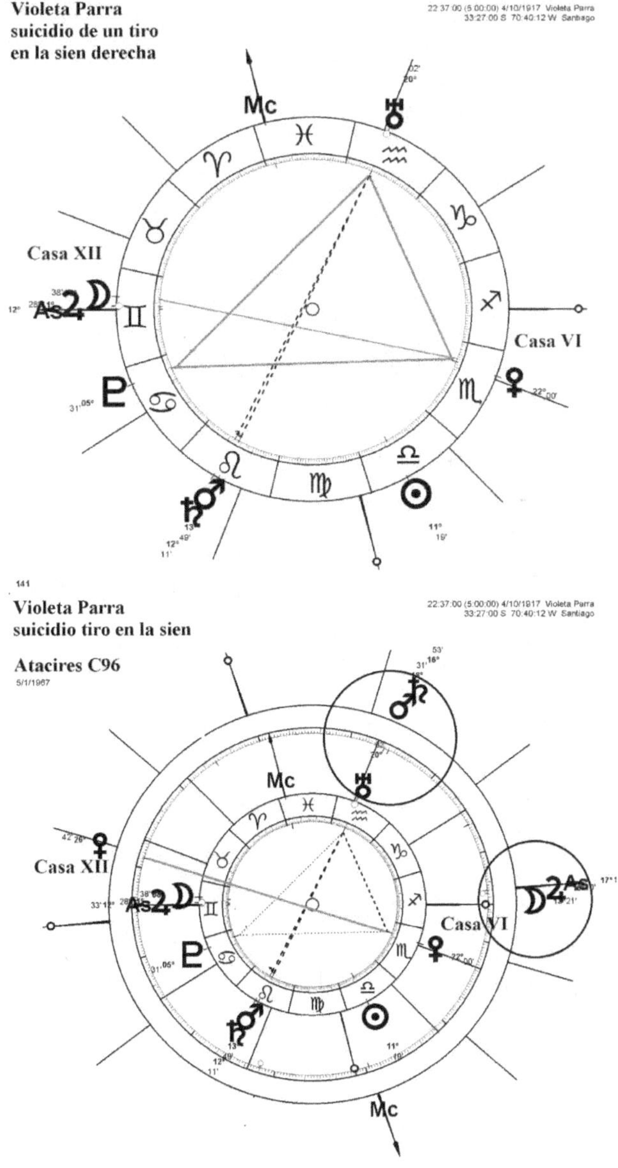

Jack London, con sólo 40 años, alcoholizado y horrorizado por los delirios que provoca el alcohol, y después de calcular la dosis de morfina y atropina que pondrían fin a su vida, London murió el 22 de noviembre de 1916, en su lujoso rancho, con los riñones destrozados.

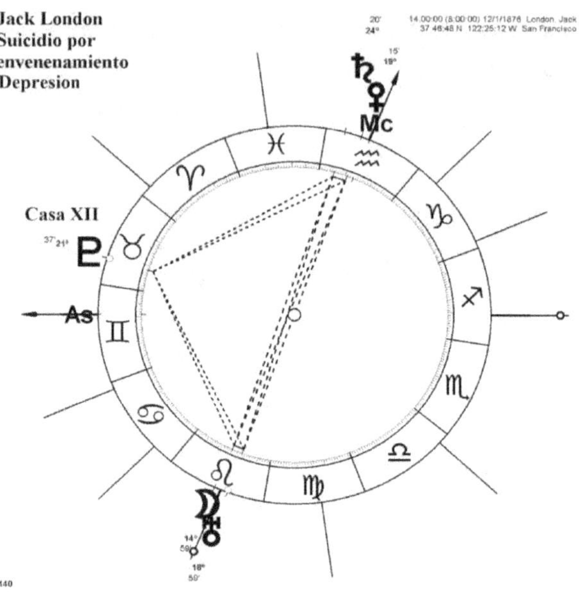

Al suicidarse Jack London, en el ciclo de 45 años, el reloj de los suicidios, el atacir de Marte estaba en el mismo grado que Saturno, regente de la Casa VIII, al mismo tiempo que el atacir de Neptuno estaba en el mismo grado de Marte que se ubicaba en Piscis. En esta combinación se refleja la muerte por intoxicación mortal de drogas.

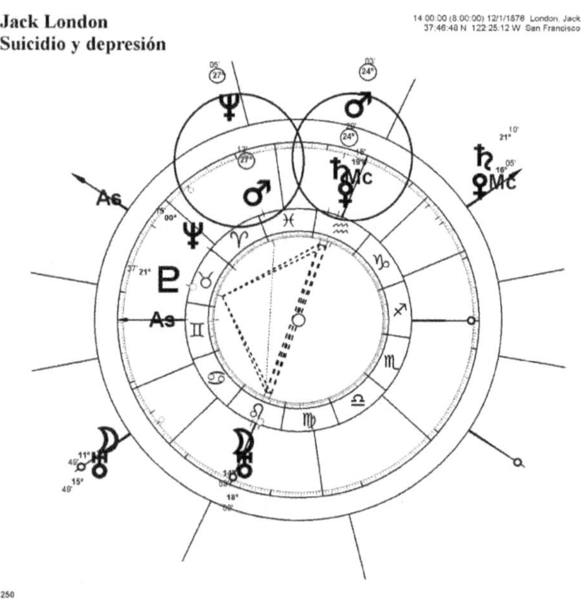

En la madrugada del 22 de mayo de 1949, quien había sido el primer secretario de Defensa norteamericano (y, por tanto, jefe del Pentágono).

James Forrestal, se suicidó tirándose desde una ventana en la suite que ocupaba en la decimosexta planta del Bethesda Naval Hospital donde estaba ingresado. Forrestal era un rabioso anticomunista...

Al calcular los atacires del ciclo de 45 años, el reloj de los suicidios, el atacir del Sol que viene de la casa VIII y arrastra consigo un significado de muerte, aplicaba por conjunción al planeta Plutón, que a su vez formaba oposición con Marte, los dos planetas cuya naturaleza esencial se asocia con las muertes. Por otro lado la influencia de Saturno junto a la Luna, además de la depresión tiene relación con el tirarse desde un alto edificio.

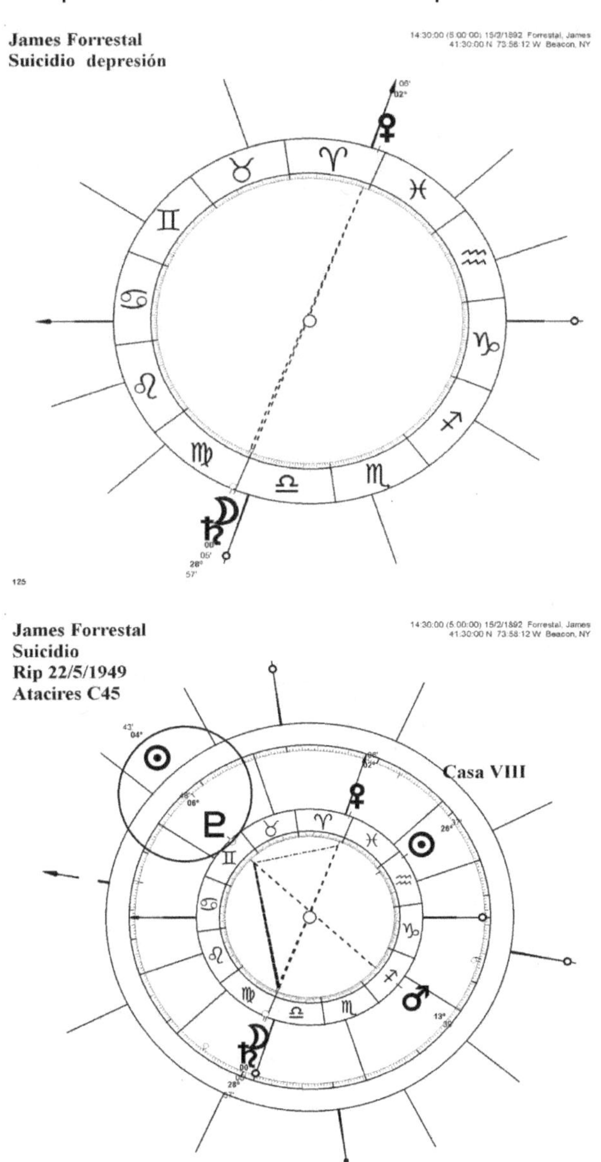

Dave Garroway, tras haber sido sometido a cirugía cardiaca, Garroway fue encontrado muerto por un disparo de arma de fuego (suicidio) en su domicilio en Swarthmore, Pensilvania, el 21 de julio de 1982.

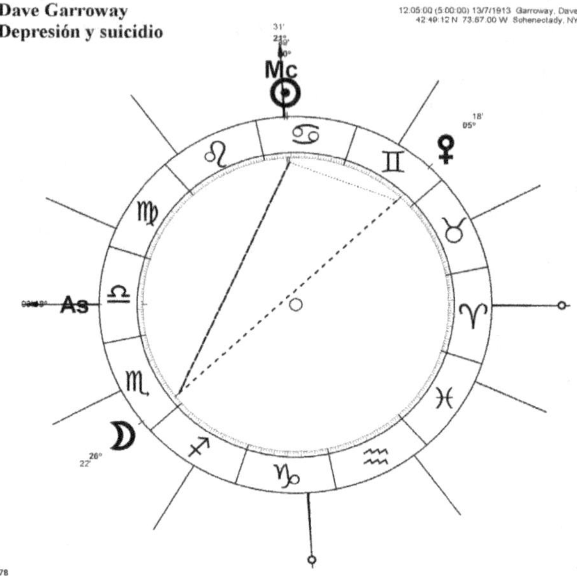

En la revolución solar del año en que Garroway se suicidó con un disparo de arma, la Luna estaba en Aries, "mal recibida" por Marte que le formaba oposición, a lo que se sumó la oposición de Saturno y las cuadraturas que recibía el Sol de Plutón, Marte y Saturno.

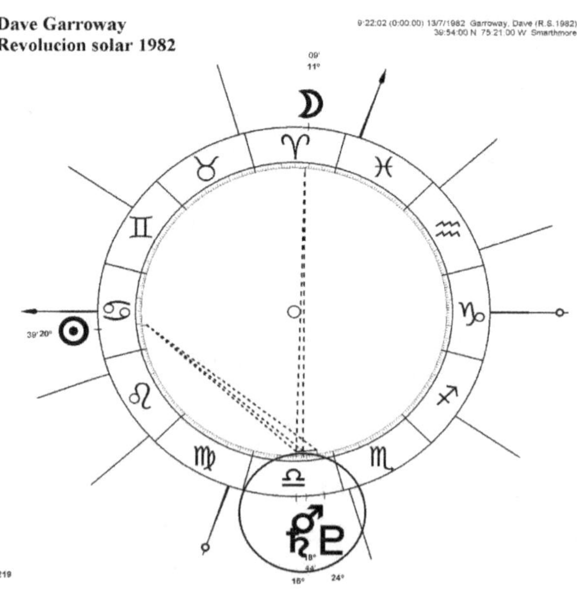

Todo esto es un muestra muy generalizada de la mala influencia de la oposición entre Venus y la Luna, una delicada configuración que puede aparecer en la revolución solar de cualquier persona y usando la técnica de las relocaciones hay que evitar que los planetas se ubiquen en las Casas XII, y VIII, para evitar daños mayores.

Capítulo VIII

Celos, ira y envidia. Marte y Plutón. Personas celosas, envidiosas e iracundas. Tiempos de celos, envidias e ira

Los celos son la emoción que experimenta una persona cuando siente amenazada su relación o vínculo hacia alguien. Por lo general, dicha emoción está representada por el miedo que siente la persona de perder a alguien que considera de su pertenencia, por la influencia de un tercero.

La envidia es el sentimiento de rabia tristeza o pesar por el bien ajeno. De acuerdo a esta definición lo que no le agrada al envidioso no es tanto algún objeto en particular que un tercero pueda tener sino la felicidad en ese otro.

La ira es el sentimiento de indignación que causa enojo, provoca rabia, irritación y sobre todo cabreo. La persona iracunda está cabreada casi todo el tiempo. Si unimos los celos con la envidia y el cabreo que tenemos, veremos uno de los estados de ánimo humano más dañinos y perversos.

Hay personas que son tendentes a dejarse llevar por ese estado de ánimo, una forma de permanecer, de estar, cuya duración puede ser más o menos prolongada que destaca sobre el resto del mundo psíquico. Mientras hay otras personas tendentes a un estado de ánimo de paz y tranquilidad. Y todos estamos expuestos a padecer celos, envidia y cabreo, unos más y otros menos.

Marte y Plutón son los dos planetas que mayor relación tienen con estos estados de ánimo que provocan celos, envidia y cabreo. La conjunción, y los malos aspectos entre estos planetas son los causantes de tan desagradables estados de ánimo.

Hay quien tiene esta configuración en su carta natal, y se pasan media vida enfadados y cada uno de nosotros podemos sentir transitoriamente esta alteración del ánimo en cualquier periodo de la vida, especialmente cuando surge está configuración inarmónica en la carta de la revolución solar o bien por tránsitos o atacires.

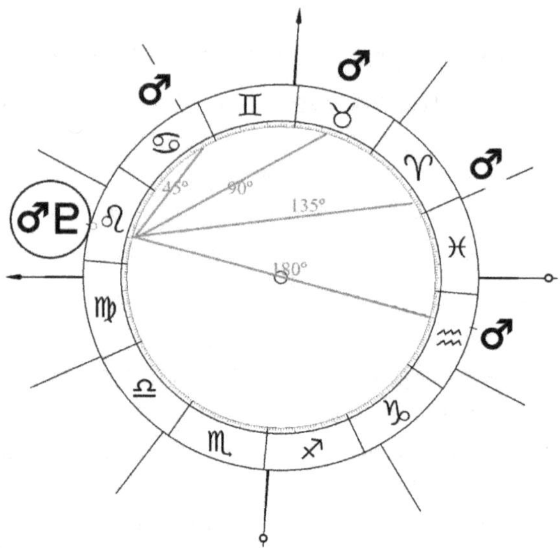

Veamos unos ejemplos de personas que casi siempre están enfadadas por cualquier cosa, a causa de la mala relación entre Marte y Plutón.

Este es el caso de una persona que estaba en un estado permanente de enfado, medía menos de un metro y medio de altura y quizás el ser enano contribuyó también a este estado de ánimo indeseable y desagradable.

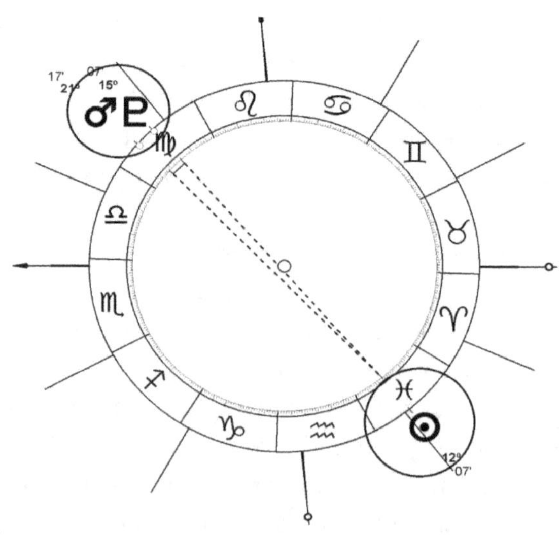

Este otro caso es el de una persona de buen físico que se enfadada casi por todo o le sentaba mal la felicidad de los demás. Su problema era que no llevaba bien su homosexualiad y experimentaba rechazo tanto de las mujeres como de los hombres. Igual que el primer caso Plutón y Marte formaban mal aspecto con Sol. Todo parece indicar que detrás de la envidia y el cabreo, en algunos casos, que no en todos, se oculta alguna "discapacitación", anomalía o "roto", por decirlo de alguna manera.

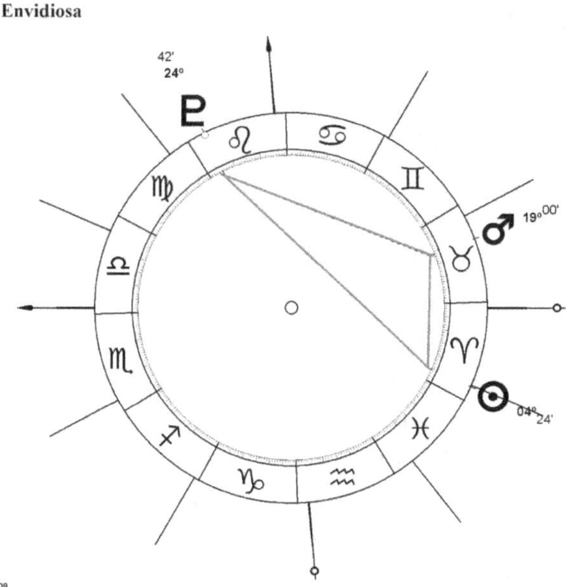

Este es un típico caso de mujer envidiosa, tenía a Plutón en cuadratura con Marte con malos aspectos sobre el Sol.

Personajes famosos enfadados y envidiosos

Nacido del matrimonio entre Cneo Domicio Enobarbo y Agripina la Menor, accedió al trono tras la muerte de su tío Claudio, quien anteriormente lo había adoptado y nombrado sucesor. Durante su reinado centró la mayor parte de su atención en la diplomacia y el comercio, e intentó aumentar el capital cultural del Imperio mediante la construcción de diversos teatros y la promoción de competiciones y pruebas atléticas.

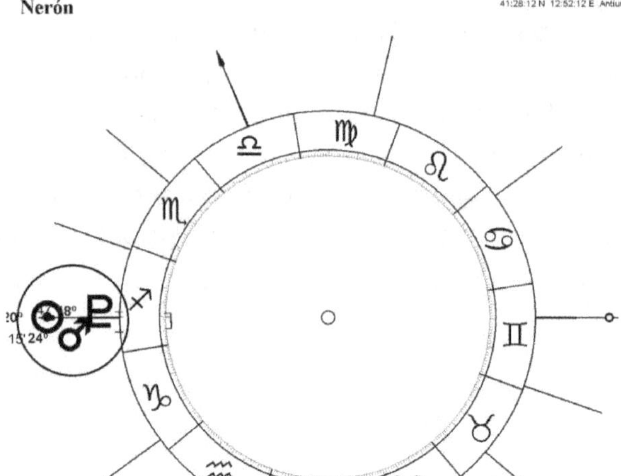

Nerón es un caso exagerado pero ilustrativo de la mala influencia de Marte y Plutón que tenía en "asedio" al Sol, de este desgraciado personaje.

Nerón, por si alguien no lo sabe, no solo prendió fuego a Roma, con todos sus habitantes dentro. Fue el último de los Julio-Claudios en gobernar el Imperio romano, su reinado de 14 años representa todo lo decadente sobre ese periodo en la historia romana. Era autoindulgente, cruel y violento, así como un exhibicionista travesti. Era tan malo el tipo, que nada más llegar a ser emperador asesinó a su propia madre.

Luego hay una serie de asuntos horrorosos relacionados con la mala influencia de Marte y Plutón y su relación con la envidia, los celos y los arrebatos de ira. El 11 de febrero de

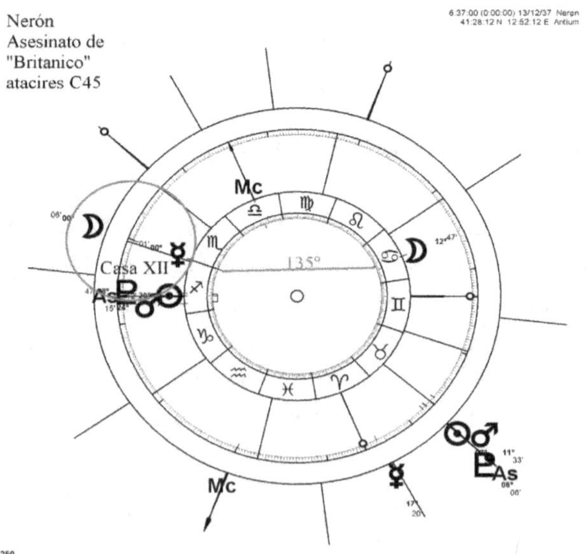

1955, con tan solo 17 años, en un arrebato de envidia, celos e ira, todo junto, mandó asesinar a Británico, el hijo de Claudio.

En la fecha del asesinato de Británico, en el ciclo de 45 años, el reloj de los asesinatos de todo tipo, el atacir de la Luna, que viene de la Casa VII, el escenario de los contrincantes y forma el terrible aspecto de 135° con Mercurio en la cúspide de la Casa XII, el teatro de los enemigos, llegó al mismo grado y casi minuto del planeta Mercurio, desatándose el aspecto de 135° entre la Luna y Mercurio.

Cuando a los 16 años Nerón fue nombrado emperador, su madre Agripina lo utilizó, con el que se dice que mantenía relaciones sexuales, para gobernar Roma. Nerón soportaba cada vez menos a su madre, el 23 de marzo de 59, a Nerón le dio un brote de maldad y hace asesinar a su madre Agripina la Menor.

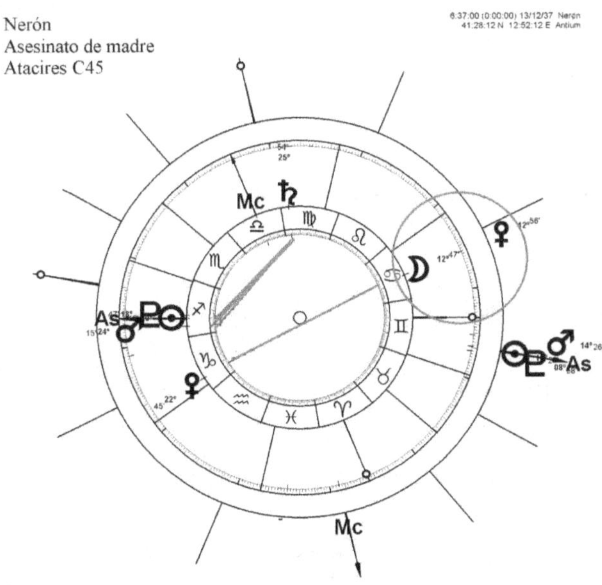

Marte, Saturno y Plutón juegan en el mismo equipo de Nerón, los tres maléficos conectados con su Sol. Más maléfico no puede ser. Hasta el planeta Venus en Capricornio, y de naturaleza compasiva, está en la Casa I de Nerón, se contagia de celos, envidia y odio hasta con su madre a la que manda asesinar cuando el atacir de Venus, en el ciclo de 45 años, el reloj de los asesinatos, llegó al mismo grado y casi minuto de la Luna en la Casa VIII, lo que se siente como competidor o enemigo declarado.

La Luna de Nerón primero era su madre y después su prima y primera esposa Claudia Octavia, la hija de Claudio. El día 9 de junio del año

62, otra vez se lo llevaron los demonios y mandó asesinar a su prima y primera esposa Claudia Octavia. Cuando la amante de Nerón, Popea Sabina quedó embarazada, se divorciaron y Nerón desterró a Octavia. Cuando esto provocó una protesta pública, hizo que la ejecutaran.

Nerón
Asesinato de prima
y esposa
Atacires del C45

En ese tiempo el atacir de Marte aplicaba por conjunción a la Luna y activaba el aspecto de sesquicuadratura que tiene mucho que ver con las muertes.

El tremendo arranque de odio destructivo más conocido de este hombre ocurrió el día 19 de julio del año 64, cuando prendió fuego a Roma con todos habitantes dentro. -No está realmente claro cuál fue la causa del incendio, si fue un accidente o fue premeditado. Suetonio y Dion Casio defienden la teoría de que fue el propio Nerón quien lo causó con el objetivo de reconstruir la ciudad a su gusto.

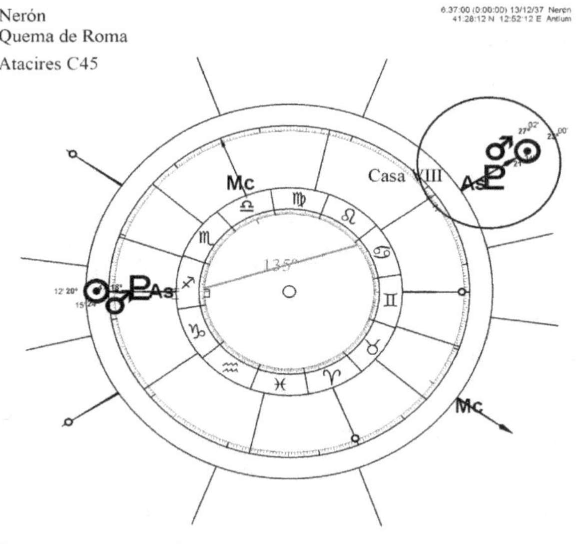

Nerón
Quema de Roma
Atacires C45

Y para colmo de maldad tenemos que irnos al verano del año 65 cuando en estado de ebriedad, Nerón propina un puntapié en el vientre a Popea Sabina, quien estaba encinta, causándole la muerte a causa de este golpe.

Un año después Nerón manda ejecutar a Antonia, hija de Claudio, tras su rechazo a casarse con él. De nuevo un brote de celos, envidia y odio se apoderaron de él.

Un grupo de escritores del siglo IV indican que Pedro y Pablo fueron martirizados por orden de Nerón. Se sugiere que Nerón era el Anticristo, y profetizan que Nerón volverá y traerá consigo la destrucción. Lactancio escribió que Nerón desapareció del lugar donde había sido enterrado y que nunca se le había vuelto a ver. Y para finalizar su vida, el día 9 de junio del año 68 —Nerón se suicidó.

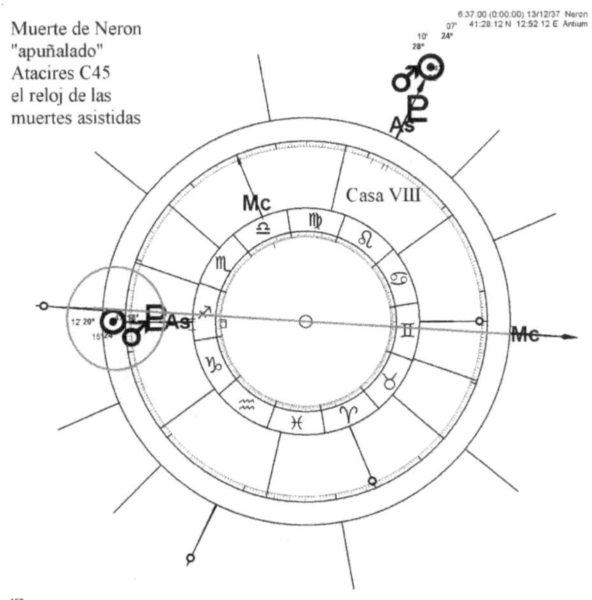

Finalmente el Senado lo condenó a muerte por crucifixión y la guardia de su casa lo abandonó. Nerón huyó de Roma y, al verse rodeado por soldados, pidió a su secretario Epafrodito que lo apuñalase. Sus últimas palabras fueron: "¡Qué artista muere conmigo!".

Sixto V nació el 13 de diciembre de 1521, fue papa de la Iglesia católica entre 1585 a 1590. Rigió la Iglesia durante 5 años, desarrollando durante ese breve periodo una intensa y enérgica labor en el ejercicio de restaurar la Iglesia católica, emitió un decreto por el cual prohibió la práctica de las ciencias ligadas a la Astrología o adivinación, mientras que instaba a los inquisidores a erradicar de la faz de la tierra a los que las practiquen.

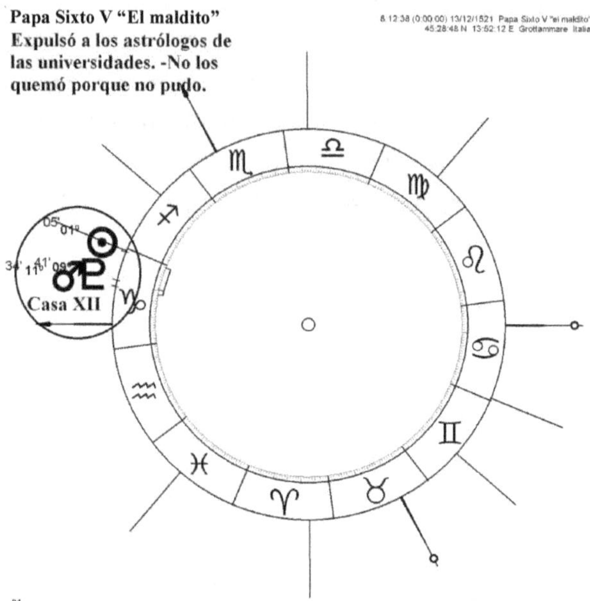

El iman **Ali Khameni** o **Jameneí**, como Líder Supremo, es comandante en jefe de todas las fuerzas armadas de Irán, y designa a los jefes del Poder Judicial y de la radiotelevisión nacional.

Este hombre tiene a Plutón junto a la Luna en oposición Marte, y tiene «responsabilidad directa» en la política internacional de la República Islámica, que «no puede llevarse a cabo sin su aprobación y participación directas».

Jameneí es un firme oponente al estado de Israel. En 2000 tuvieron mucho eco sus declaraciones: «este tumor canceroso debe ser eliminado de la región».

Dejándose notar de este modo que es un generador de odio.

Suele afirmar públicamente que su animadversión se dirige únicamente contra el Estado de Israel, no el pueblo judío, pero eso está rotundamente desmentido en sus contenidos educativos. Los actuales libros de texto estatales iraníes enseñan abrumadores mensajes de odio contra el pueblo judío, tanto en la historia antigua como en la moderna, como parte de su representación oficial de la historia de la humanidad esencialmente como un conflicto entre los líderes islámicos y los malvados e intrigantes enemigos del islam. Los judíos son representados de acuerdo con una amplia gama de odiosos mitos y tropos antisemitas,

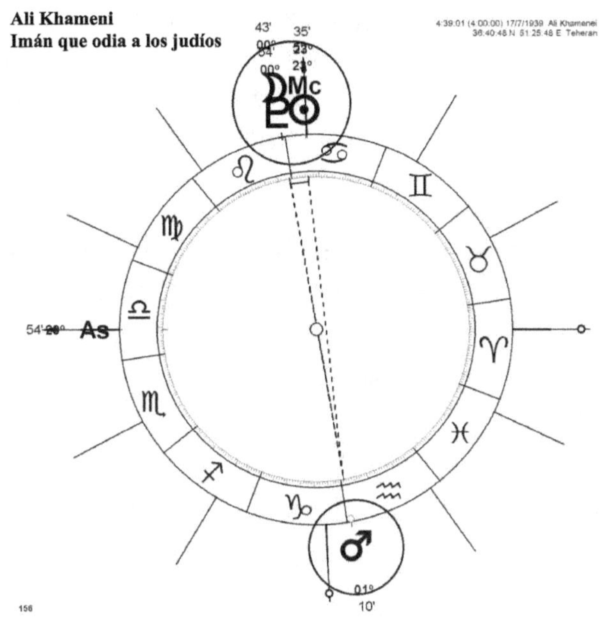

mientras que los sionistas y el Estado de Israel son representados como la punta de lanza del imperialismo global contra el mundo musulmán, supuestamente dirigido hoy por Estados Unidos. A los niños se les enseña a cantar "Muerte a Israel" y que el Estado judío es "falso" y debe ser destruido. No se sabe si será por envidia, celos o pura maldad, lo que está claro es que la mala configuración de Marte y Plutón refleja a un generador de odios.

Alberto Fujimori, el ex político, profesor e ingeniero peruano, de ascendencia japonesa que fue presidente de Perú, es otro personaje que también tiene a Plutón y Marte junto al Sol, muy parecido a Nerón.

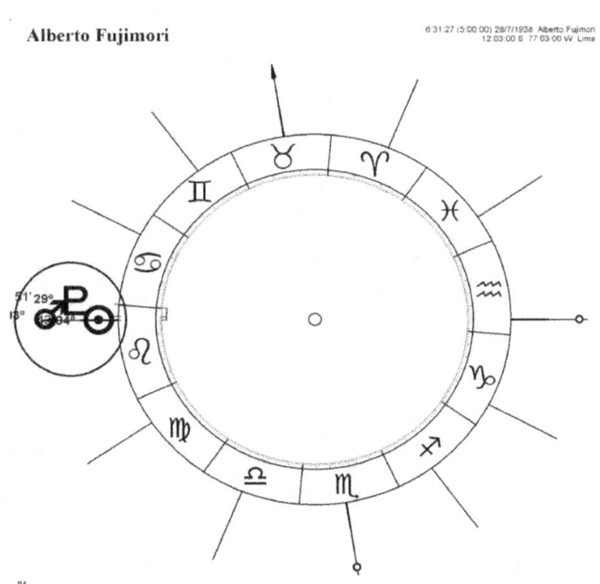

Fujimori se caracterizó por la adopción del Plan Verde, que implicaba el genocidio de los peruanos empobrecidos e indígenas, el control o la censura de los medios de comunicación y el establecimiento de una economía neoliberal supervisada por una junta militar.

Fue juzgado por esos hechos y la sentencia condenó a Alberto Fujimori a veinticinco años de prisión por su responsabilidad en los delitos de asesinato con alevosía, secuestro agravado y lesiones graves, cometidas por un escuadrón del ejército, cuando él era presidente del Perú.

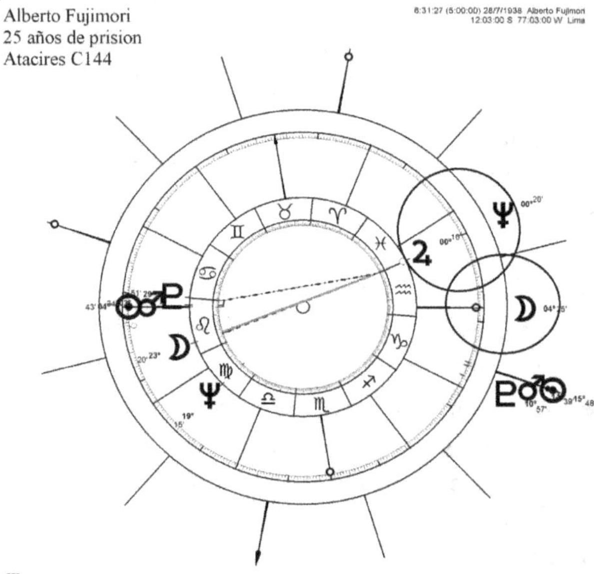

La Primera Sala Penal Transitoria de la Corte Suprema del Perú confirmó la condena de 25 años de prisión el 3 de enero de 2010. Al poner en hora el reloj del ciclo de 144 años, el que anuncia asuntos propios de la Casa XII, como son las prisiones y las pedidas de libertad, se observa que el atacir de la Luna, que es regente de la Casa XII forma oposición con Marte y el Sol, al mismo tiempo que el atacir de Neptuno llega a Júpiter en la Casa VII formando oposición con la Luna, en la Casa I que representa a la misma persona.

Margaret Thatcher nació el 13 de octubre de 1925 en Londres, fue una política y estadista británica que ejerció como primera ministra del Reino Unido desde 1979 a 1990, siendo la persona en ese cargo por mayor tiempo durante el siglo xx y la primera mujer que ocupó este puesto en su país. Su firmeza para dirigir los asuntos de Estado, le valió el sobrenombre de "la Dama de Hierro".

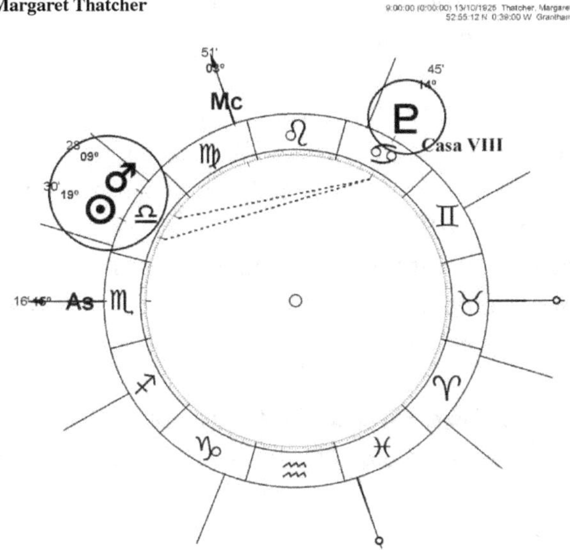

94

Margaret Thatcher, la Dama de Hierro, se hizo famosa cuando envió a los mercenarios "Gurkas" a las islas Malvinas a matar argentinos. La guerra de las Malvinas fue un momento decisivo en la carrera política de Margaret Thatcher, que cimentó su imagen de Dama de Hierro al ordenar el uso de la fuerza letal de los Gurkas para recuperar el archipiélago.

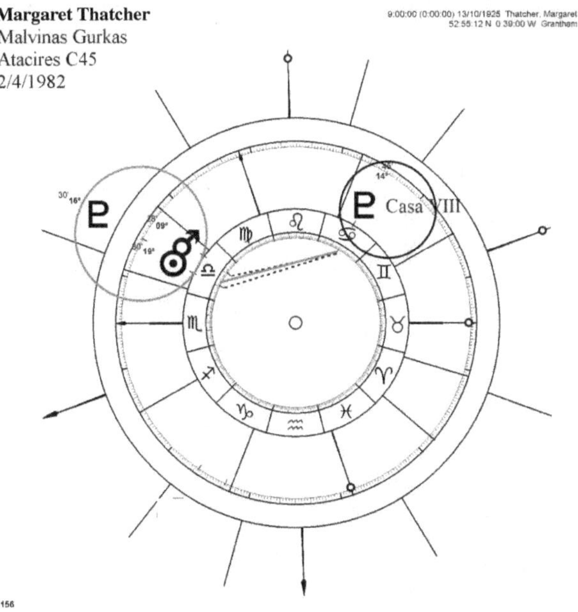

156

Con sus cuchillos Kukris degollaron a los soldados argentinos. La sangre tiñó de rojo la oscura y húmeda turba de Malvinas. Pocos sobrevivieron a esa carnicería que practicaron los Gurkas en las batallas de la toma final de Puerto Argentino.

El conflicto duró 74 días y terminó con la rendición argentina el 14 de junio de 1982, volviendo las islas al control británico.

Al calcular los atacires del ciclo de 45 años, el reloj de los asesinatos, el atacir de Plutón que viene de la Casa VIII estaba en ese tiempo formando cuadratura y llegando al Sol.

La matanza de argentinos fue responsabilidad directa de ella, de sus decisiones llenas de odio a causa de las cuales murieron 649 militares argentinos.

Letizia Ortiz Rocasolano nació en Oviedo, el 15 de septiembre de 1972 es la reina consorte de España desde el 19 de junio de 2014, por su matrimonio con el rey Felipe VI. Es la primera esposa de un rey de España que no pertenece a la realeza.

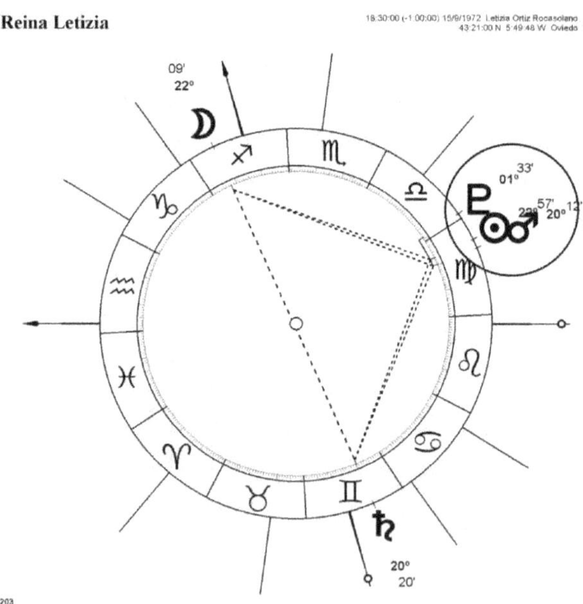

Harmograma que señala los tiempos en que Marte y Plutón está en conjunción o formando malos aspectos, lo que permite saber que quienes cumplan años en esas fechas, tiene riesgo de padecer la nefasta configuración y hay que evitar, usando la técnica de relocación, que estos planetas se ubiquen en Casa XII o Casa VIII. Más vale prevenir que curar.

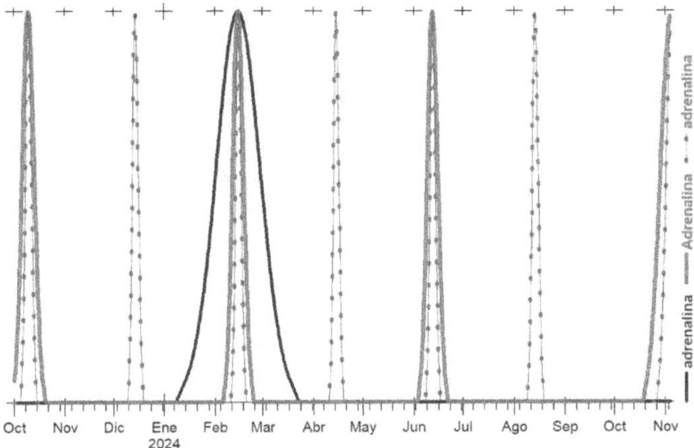

CAPÍTULO IX

Esperanza y desesperanza. Júpiter y Urano. Personas esperanzadoras y Casa XI. Tiempo de esperanza y desesperanza, Saturno y Neptuno: Casa VIII y Casa XII

La esperanza es el estado de ánimo que surge cuando se presenta como alcanzable lo que se desea, cuando sentimos que tenemos al alcance de la mano lo que anhelamos conseguir, sea una cosa, una relación personal, un viaje o cualquier asunto o persona que nos haga sentirnos esperanzados. Aunque no tengamos nada, si tenemos esperanza, nuestro estado de ánimo es elevado y excelente, lo contrario es deprimente y desesperanzador.

La desesperanza es un sentimiento deprimente provocado por los pensamientos desesperanzantes, cuando pensamos que "no hay nada que yo pueda hacer", sea lo que fuere interfiere un pensamiento negativo que dice: "para qué intentarlo si sé que no saldrá bien", o pensamientos peores, como culpabilizarse o pensar que lo estamos haciendo mal.

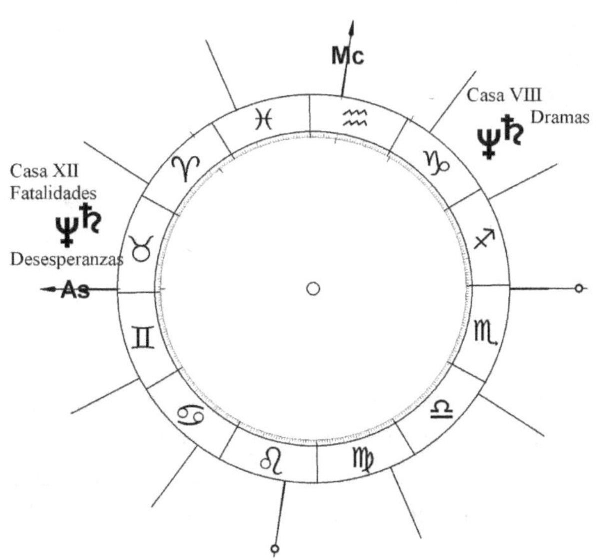

La desesperanza, lo que nos crea tristeza y pesadumbre, se estudia en el escenario de la Casa XII, donde salen a escena las personas que cuando nos dañan, ya no tienen arreglo, y ya no tenemos escapatoria ni misericordia y también en la Casa VIII que es el teatro de los dramas. Y Saturno combinado con Neptuno, son la fuente de la desesperanza y los desengaños.

Por otro lado la esperanza provoca alegría y aumenta el estado de ánimo, la desesperanza entristece y desanima. Hay personas de nuestro entorno, con las que estamos obligadamente en contacto, que son esperanzadoras y nos alegran la vida, mientras que hay otras, por el contrario, que son desesperanzadoras, deprimentes y hasta tóxicas. Por ello conviene identificar a este tipo de personas, de ese modo podremos saber lo que se puede esperar de ellas.

Personas esperanzadoras

Las personas esperanzadoras, son las que ofrecen esperanzas y nos hacen pensar en un futuro mejor. Ese tipo de personas suelen tener un componente armónico entre Júpiter y Venus o Urano. Y nosotros nos sentimos esperanzados cuando tomamos contacto con ellas o bien cuando Júpiter y Urano dejan notar su influencia esperanzadora.

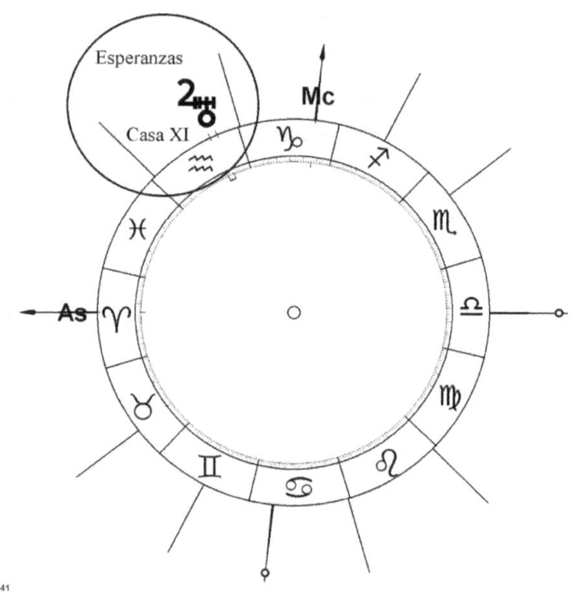

Lo contrario, las personas desesperanzadoras o la pérdida de esperanza y la sensación de un futuro oscuro o brumoso, suele relacionarse con la influencia de Saturno y Neptuno cuando actúan combinadamente o tienen una mala configuración. Pero de eso trataremos en segunda ocasión.

La esperanza, lo que nos aporta ilusión y nos da confianza, astrológicamente hablando, se observa en la Casa XI, el escenario de los amigos, los clientes y las parejas de los hijos, todos ellos, si están en buenas condiciones son fuente de esperanza.

Júpiter y Urano junto a la Casa XI son la fuente de esperanza, libertad y alegría de vivir, mientras que Saturno y Neptuno junto a la Casa VIII y XII son los promotores de la desesperanza y la sensación de fatalidad y pérdida de libertad. Las personas generadoras de esperanza, las que inducen a buscar la libertad individual, suelen tener una conjunción o fuerte configuración entre Venus, Júpiter con el Sol o la Luna y Urano prominente.

Un buen ejemplo lo tenemos con **Krishnamurti**, nacido el 11 de mayo de 1895, fue un conocido pensador y orador en materia filosófica y espiritual, de padres indios. Sus principales temas incluían la revolución psicológica, el propósito de la meditación, las relaciones humanas, la naturaleza de la mente y la división psicológica entre el observador y lo observado, entre otros temas.

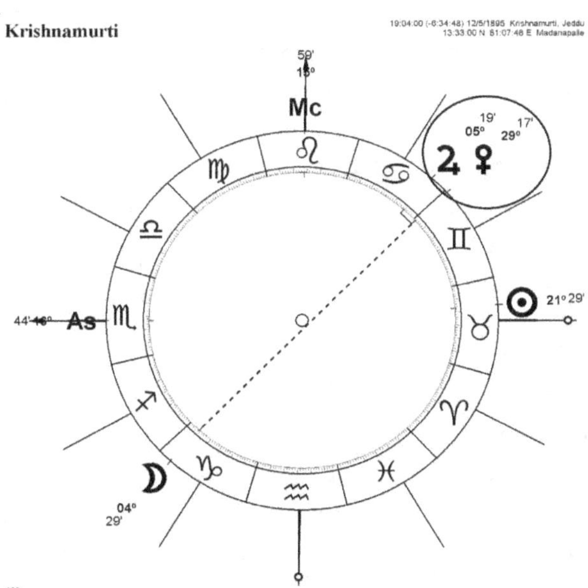

En 1911, la Sociedad Teosófica estableció la Orden de la Estrella. Esta organización tenía que encargarse de preparar la Tierra para la pronta aparición del Maestro del mundo. Krishnamurti fue nombrado su jefe, con teósofos de alto rango asignados a otras labores. La membresía estaba abierta a cualquiera que aceptara la doctrina del Maestro del mundo. En esos años Krishnamurti representaba la esperanza de la nueva espiritualidad.

En 1929, rechazó los intentos de Leadbeater y Besant para continuar con la Orden de la Estrella. Krishnamurti disolvió la Orden el 3 de agosto de 1929. Dijo que había tomado su decisión después de "una cuidadosa reflexión" durante los dos años anteriores. Eso le llevó a afirmar, en su célebre discurso de disolución de la Orden de la Estrella:

"Sostengo que la verdad es una tierra sin caminos, y no se puede abordar por ningún camino, por ninguna religión, por ninguna secta. Ese es mi punto de vista, y me adhiero a eso de manera absoluta e incondicional. La verdad, siendo ilimitada, incondicionada, inaccesible por cualquier camino, no puede ser organizada; ni se debe formar ninguna organización para guiar o coaccionar a las personas a lo largo de un camino particular. Esta no es una obra magnífica, porque no quiero seguidores, y lo digo en serio. En el momento en que sigues a alguien, dejas de seguir la Verdad. No me preocupa si prestas atención a lo que digo o no. Quiero hacer algo en el mundo y lo haré con una convicción inquebrantable. Me preocupa una sola cosa esencial: liberar al hombre. Deseo liberarlo de todas las jaulas, de todos los miedos y no fundar religiones, nuevas sectas, ni establecer nuevas teorías ni tampoco nuevas filosofías."

Paramahansa Yogananda, fue un yogui y gurú hinduista, nacido en Gorakhpur el 5 de enero de 1893, precursor del yoga en Occidente, particularmente del método llamado kriya yoga. Introdujo a muchas personas en las enseñanzas de la meditación y muchos conocieron por vez primera la filosofía oriental en su famoso libro *Autobiografía de un yogui.*

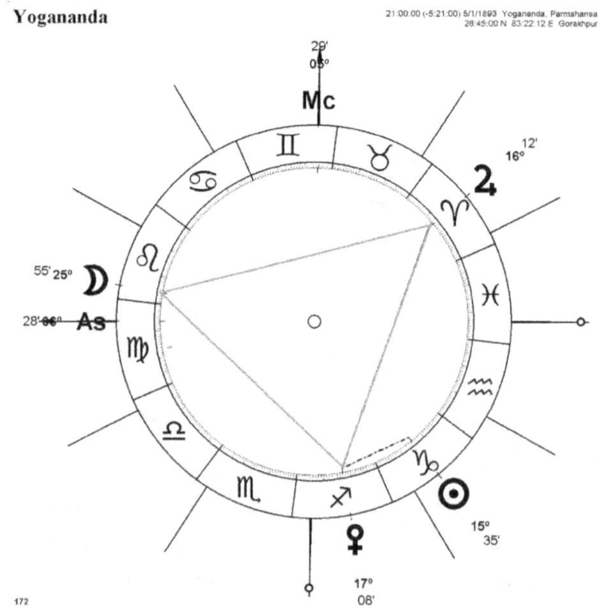

Yogananda Parmahansa reúne las condiciones de personas que inducen a la esperanza y a la libertad. *Autobiografía de un Yogui* es un libro que todo el mundo debería leer.

El amor no reside en el sentimiento mismo sino en el gozo que dicho sentimiento proporciona. Amamos el amor porque nos produce una felicidad embriagadora. Por lo tanto, la meta final no es el amor sino la dicha. Vivir en el amor es vivir en un estado de dicha, de armonía y de unión.

De este modo se deja notar la influencia del gran trígono de fuego que se forma entre Júpiter, Venus y la Luna en Leo, dispositada por el Sol.

Ya sé que son casos exagerados, pero sirven de ejemplo para entender las tendencias astrológicas

Ramakhisna fue un místico bengalí a quien muchos hindúes consideran un "avatar" o encarnación divina. Desde 1856 ejerció como sacerdote del templo de la diosa Kali en Dakshineswar y recibió instrucción para alcanzar la iluminación.

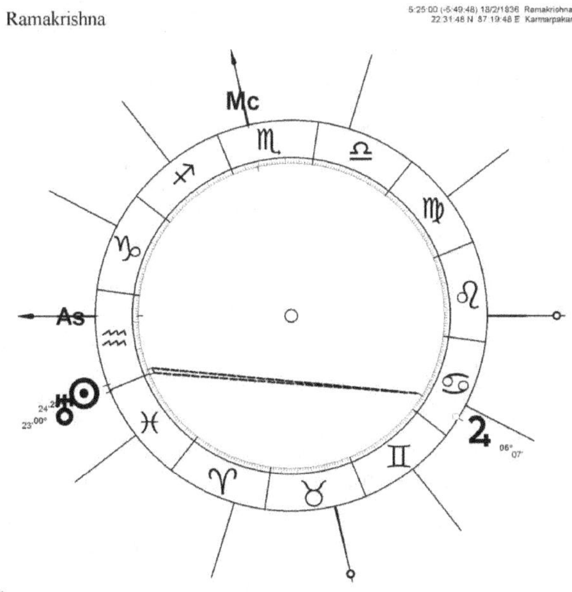

Bhagwan Rasshnish (Osho) fue el líder de un movimiento espiritual de origen indio, abogó por una actitud más abierta hacia la sexualidad; una postura que le valió el sobrenombre «gurú del sexo».

"Nunca obedezcas ningún mandato a no ser que también provenga desde tu interior". Bhagwan tenía un gran trígono de fuego entre el Sol, Urano y Júpiter. Se puede estar de acuerdo o en desacuerdo con sus ideas, pero este hombre fue un generador de esperanzas para sus seguidores.

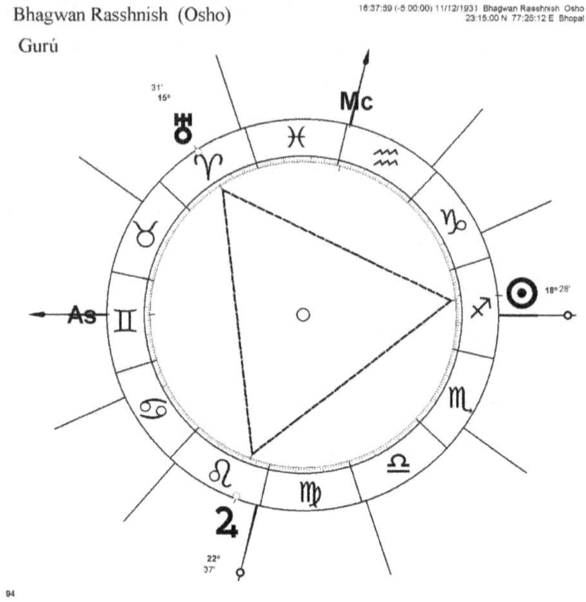

Princesa Leonor. La esperanza de los monárquicos españoles

La princesa Leonor tiene a Urano formando sendos trígono con Júpiter y el Sol, y ella representa la esperanza de la monarquía española.

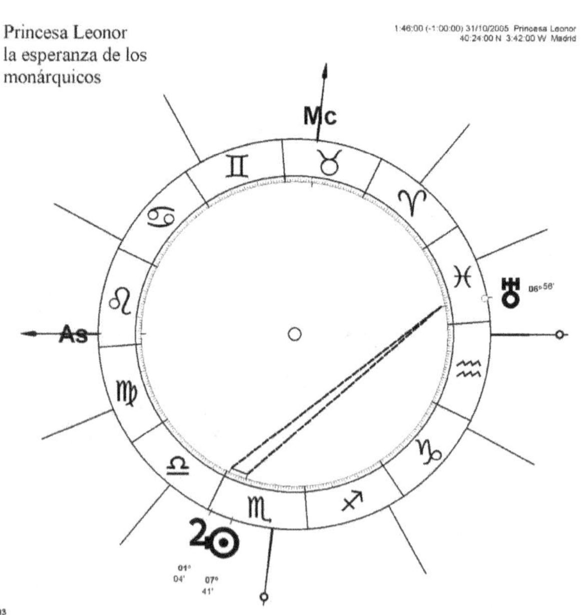

Nelson Mandela, el luchador anti-apartheid Sudafricano, siempre tuvo la esperanza como bandera. "El camino que tendremos que recorrer no será fácil. Todos sabemos con qué empecinamiento el racismo puede aferrarse a la mente y con qué profundidad puede infectar el alma humana. (...) Por dura que pueda ser esta batalla, no nos rendiremos. Sea cual fuere el tiempo que requiera, no cejaremos en nuestro empeño. El hecho de que el racismo degrade tanto al perpetrador como a la víctima nos exige que, para ser leales a nuestro compromiso de proteger la dignidad humana, luchemos hasta lograr la victoria."

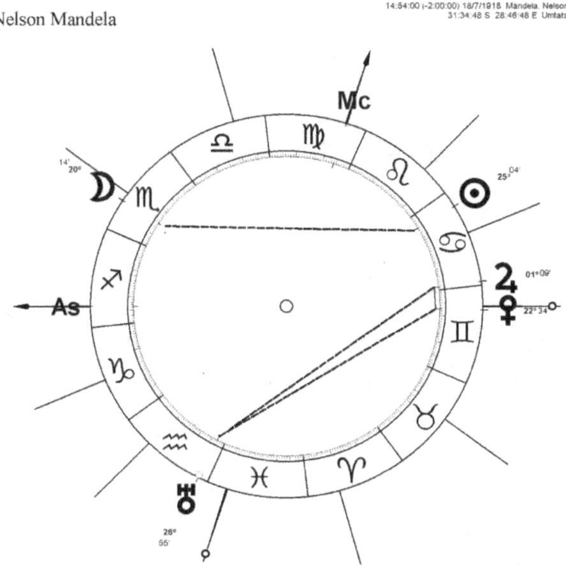

Él, tenía al Sol en Cáncer "bien recibido" por la Luna con la que forma trígono desde la Casa XII, el escenario de las pérdidas de libertad, por eso estuvo preso tanto tiempo. Además tiene a Urano en Acuario, el planeta de las esperanzas, formando sendos trígonos con Júpiter y Venus.

Donald Trump. La esperanza de medio pueblo norteamericano

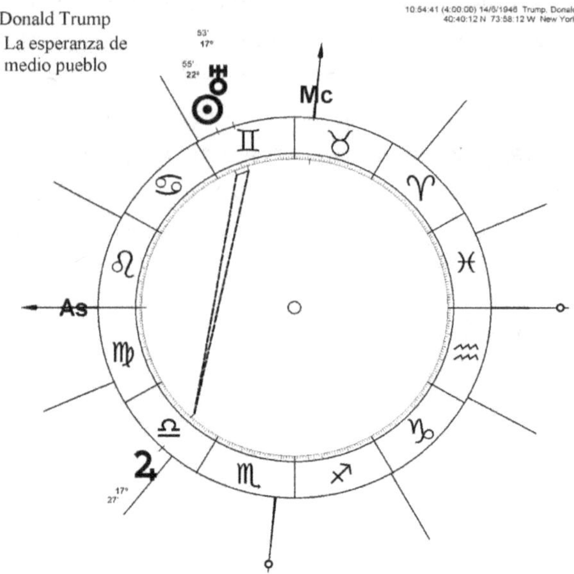

Donald Trump tiene al Sol junto a Urano formando sendos trígonos con Júpiter en Libra y este hombre representa la esperanza de la mitad del pueblo norteamericano, que son muchos millones de personas.

La desesperanza

Saturno y Neptuno junto a la Casa VIII y XII son los promotores de la desesperanza y la sensación de fatalidad y pérdida de libertad.

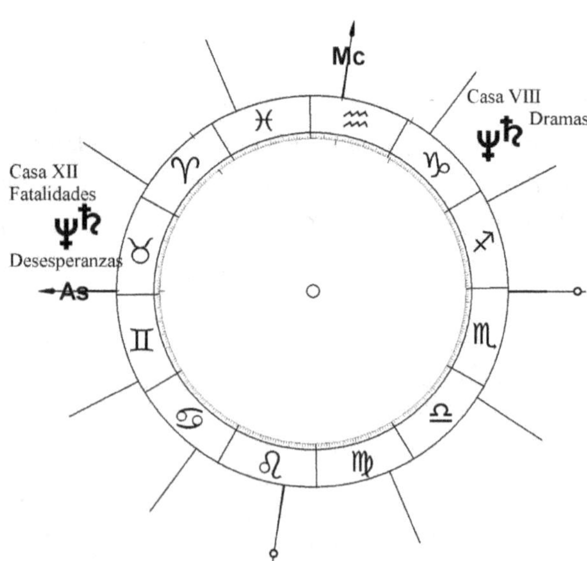

Ejemplo de personas que hacen perder todo tipo de esperanza. Esta mala configuración es frecuente entre políticos que generan ideales y esperanzas y que acaban por provocar todo lo contrario.

Gamal Abdel Nasser fue un militar y gobernante egipcio que llegó a ser el principal líder político árabe de su época, conocido impulsor del panarabismo y también del socialismo árabe, muy acorde con la influencia de la conjunción de Saturno y Neptuno propia de la mayor parte de los estadistas socialistas en su variada gama.

En la Guerra de los seis días contra Israel, sufrió una estrepitosa derrota en tierra y aire ante Israel, lo que supuso el principio del declive del aura de Nasser, y el gran chasco y desilusión que hizo que los egipcios perdieran toda esperanza de liderar el nacionalismo socialismo árabe.

Vladimir Putin es un abogado, político y exagente de inteligencia ruso, líder de facto del partido político Rusia Unida. Actualmente es el presidente de la Federación de Rusia, cargo que ocupa desde 2012, y anteriormente desde 2000 hasta 2008. También fue presidente del Gobierno de 1999 a 2000, y nuevamente de 2008 a 2012.

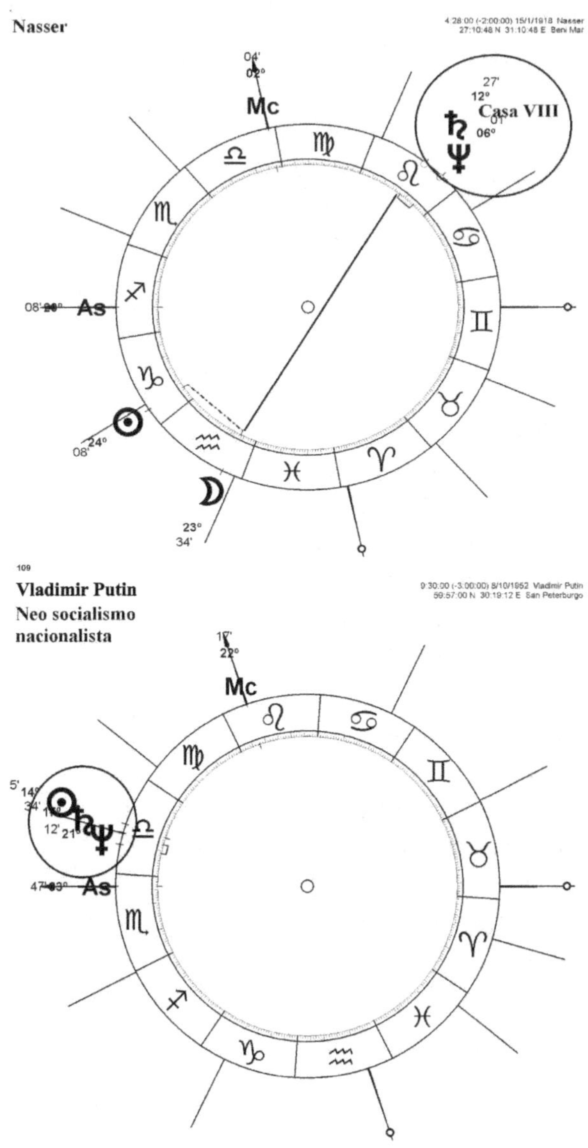

Andrés Manuel López Obrador. Es un político y escritor mexicano. Fue presidente de los Estados Unidos Mexicanos del 1 de diciembre de 2018 a octubre de 2024. Es miembro y fundador del partido político MORENA.

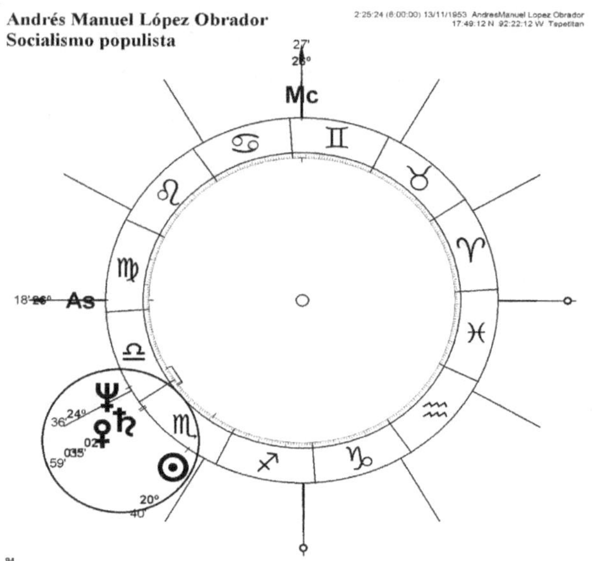

Hugo Chávez, político y militar venezolano, presidente de Venezuela desde 1999 hasta su fallecimiento en 2013. Fue también líder del Movimiento Quinta República desde su fundación en 1997 hasta 2007, cuando se fusionó junto con otros partidos para crear el Partido Socialista Unido de Venezuela (PSUV), que dirigió hasta 2012.

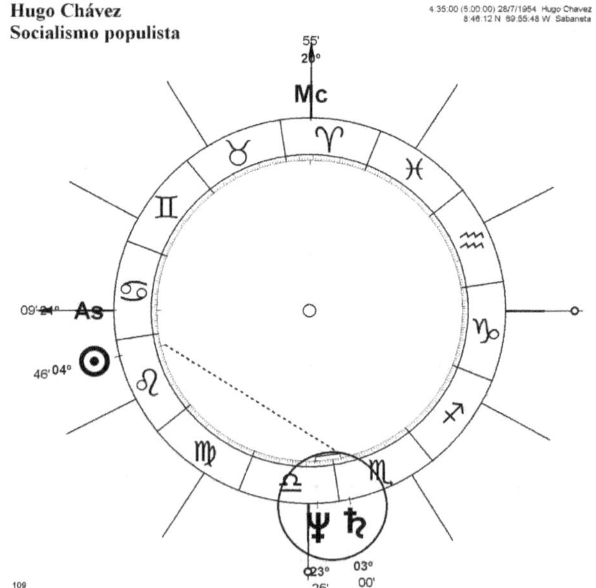

Álvaro Uribe es un abogado, empresario y político colombiano. Fue presidente de Colombia, durante dos mandatos consecutivos. Es considerado por la prensa internacional y local como el político colombiano más influyente del siglo XXI en Colombia·

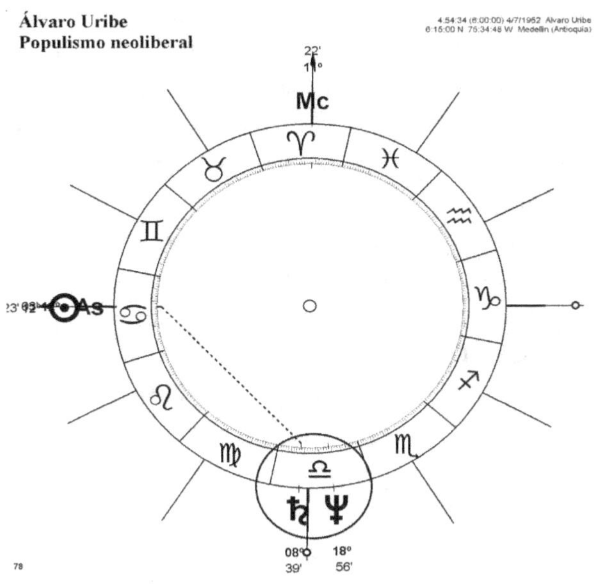

Nicolae Ceausescu. Fue un político comunista rumano, presidente de Rumanía y del Consejo de Estado de Rumanía, dictador de la República Socialista de Rumania desde 1967 hasta su ejecución en 1989, y secretario general del Partido Comunista Rumano en el periodo 1965-1989.

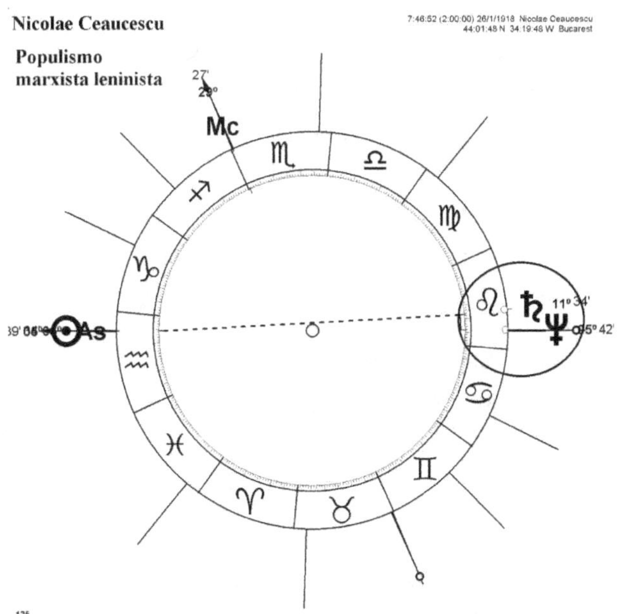

Compasión y generosidad. Sol y Venus. Personas generosas y compasivas. Tiempos de generosidad y compasión

La compasión y la generosidad suelen ir cogidas de la mano, las personas compasivas suelen ser generosas y las personas generosas son compasivas. La generosidad es la costumbre natural de dar o compartir con los demás sin esperar recibir nada a cambio. Comparado a menudo con la caridad como virtud, la generosidad se acepta extensamente en la sociedad como un hábito deseable. Por ello la generosidad y la compasión son dos virtudes que juegan en el mismo equipo.

Se puede decir que una persona compasiva es generosa o al revés, una persona generosa es compasiva. Desde el punto de vista astrológico estás son dos virtudes del Sol y de Venus, dos planetas que no pueden ir muy alejados el uno del otro.

La combinación del Sol y Venus señalan los rasgos compasivos y generosos, a los que se añade la Luna como planeta de las emociones y sentimientos. Esta trilogía nos permite conocer a las personas generosas y compasivas, y también los tiempos en los que estas virtudes se dejan notar en cada uno de nosotros.

La generosidad, debido a su carácter neurobiológico, mejora la felicidad y el bienestar de la persona que da y de la que recibe.

La acción de dar es primordial, pero el acto de evitar caer en el hedonismo también se puede considerar un acto de generosidad.

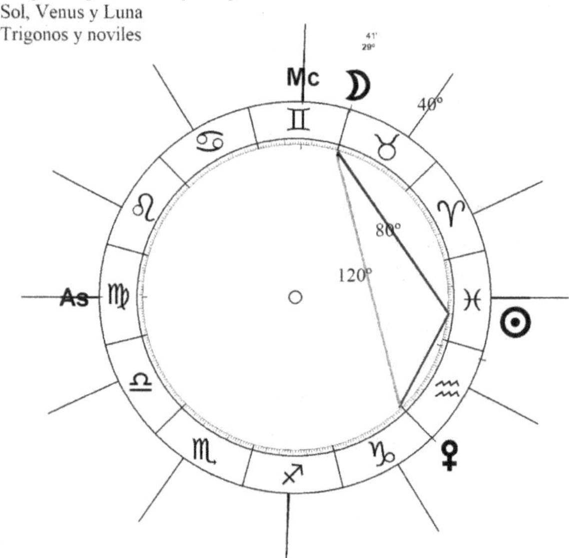

De todos los aspectos astrológicos, el aspecto de novil de 40°y sus derivados; binovil, 80°, trígono 120° y nonagón 160°, son fuente de felicidad y por ello de generosidad y compasión, especialmente si esos aspectos se forman entre el Sol, Venus y la Luna.

La generosidad y la compasión se pueden entender de muchas maneras, son virtudes que tienen diferentes formas de manifestación.

Jeddu Krishnamurti es un primer ejemplo de persona generosa y compasiva, cuya naturaleza se escenifica a través de la espiritualidad. De hecho hay muchas personas consideradas de alta espiritualidad que son especialmente generosas y compasivas.

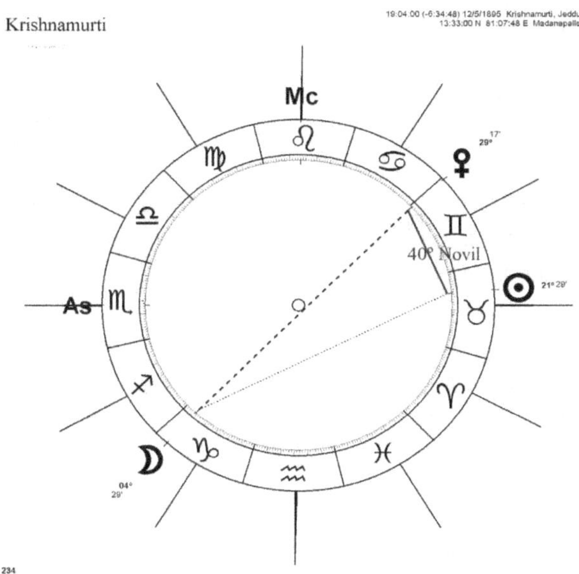

Krishnamurti tenía al Sol formando aspecto de novil (40°) con Venus, opuesta a la Luna y eso también tuvo sus consecuencias en la vida de este hombre santo. "Entre dos soluciones, opta siempre por la más generosa". Jiddu Krishnamurti

"Un corazón generoso es el principio de la meditación"

"El amor implica generosidad, solicitud, no hacer mal a otro, no hacer que se sienta culpable, ser generoso, cortés, comportarse de manera que la compasión inspire nuestras palabras y nuestros actos".

San José María, al igual que Krishnamurti, tenía al planeta Venus formando aspecto de novil (40°) con el Sol y la Luna que estaban en conjunción.

Escrivá de Balaguer era una persona recia, fuerte, comprensiva y optimista. Actuaba siempre de modo responsable, generoso, lleno de celo por las almas.

Cuanto más generoso seas, por Dios, serás más feliz. ¡Qué gustoso resulta el sacrificio *gaudium cum pace*, alegría y paz, si la renuncia es completa! Cuanto más generoso seas, por Dios, serás más feliz.

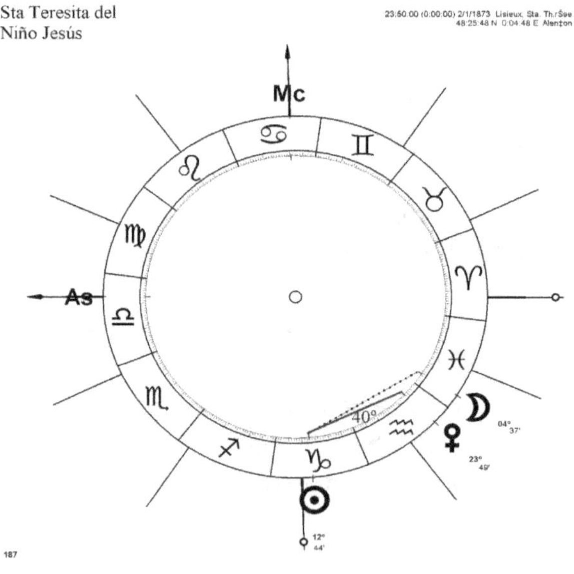

Santa Teresita del Niño Jesús tenía también al Sol formando aspecto de novil (40°) con Venus.

La vida de Sta. Teresita nos enseña a servir a los demás con amor y perfección viendo en ellos a Jesús. Toda su vida fue de servicio a los demás. Ser mejores cada día con los demás en los detalles de todos los días, nos enseña que podemos vivir nuestro cielo en la tierra haciendo el bien a los que nos rodean. Actuando con bondad siempre, buscando lo mejor para los demás. Esta es una manera de alcanzar el cielo.

Mahatma Gandhi, de manera semejante a los casos anteriores, tenía al Sol formando aspecto de novil (40°) con Venus, de ahí su talante generoso y pacifista Gandhi decía que el amor y la generosidad en cada detalle puede transformar el mundo. "Me declaro una persona al servicio por una humanidad más compasiva, sin generosidad se hace casi imposible consolidar un longevo proyecto empresarial/familiar".

Generosidad y compasión eran las premisas de este hombre.

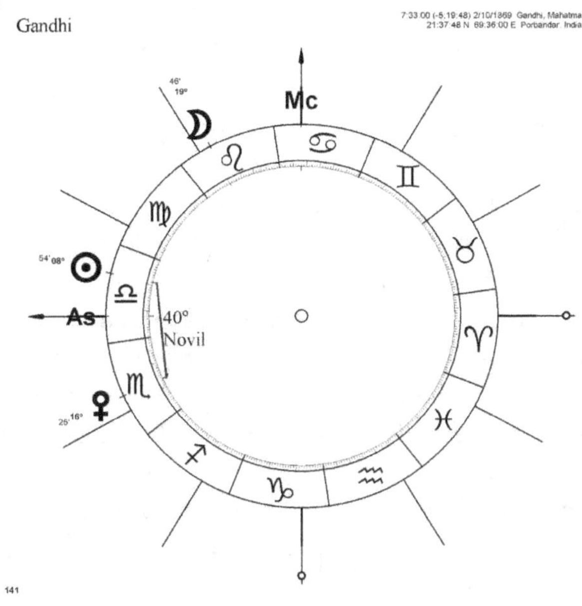

A **Marilyn** erróneamente se la consideraba como la rubia tonta, pero Marilyn Monroe no era sólo un símbolo sexual, una rubia frívola y tonta: ése era el estereotipo, el papel que mayormente los grandes estudios le daban en sus películas.

Son varias las fuentes que atribuyen a Marilyn un cociente intelectual de 165, cinco puntos más elevado que el CI de Albert Einstein.

Al margen de las opiniones generalizadas, Marilyn Monroe también es un ejemplo de persona compasiva y generosa. Tiene al Sol formando aspecto de

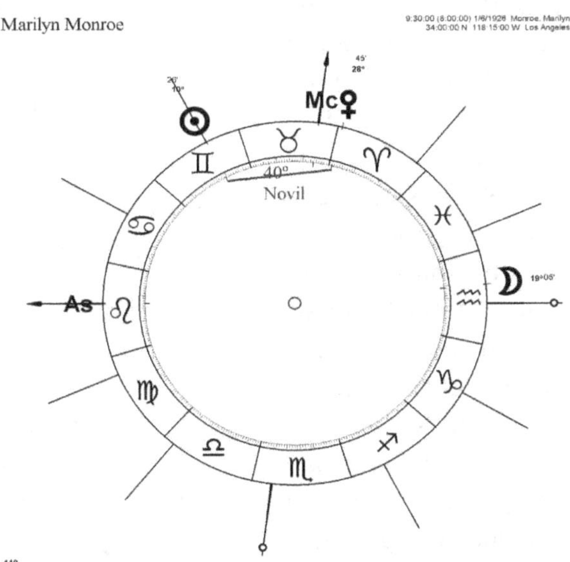

novil (40°) con el planeta Venus en la Casa IX, quizás por ello su compasión y su generosidad se escenificó en el extranjero.

Una muestra clara de la compasión y generosidad de Marlyn la tenemos el 1 de marzo de 1962, durante su estancia en la ciudad de México. En ese viaje visitó el Instituto de Protección a la Infancia (INPI) y ahí mostró su interés en recorrer las guarderías con la compasiva intención de realizar una adopción de un niño mexicano. En esa ocasión, fue atendida por la esposa del presidente Adolfo López Mateos, doña Eva Sábano con quien recorrió las instalaciones desbordándose de cariño hacia los niños huérfanos, pero siguiendo el protocolo de adopción le fue negada por el motivo de ser una mujer soltera. Al finalizar su visita, Marilyn, hizo entrega de un donativo de un cheque por valor de 1.000 dólares, que en ese tiempo era mucho dinero. Luego, en un arrebato de compasión y generosidad, rompió el cheque e hizo otro por 10.000 dólares. Todo un capital para la época. Sus biógrafos señalan que esa noche Marilyn pudo dormir sin recurrir a usar somníferos. La gente desconoce cuán generosa y compasiva era Marilyn Monroe, y eso es así a causa de que Marilyn siempre mantuvo de manera privada su ayuda, y nunca hizo alarde de ello.

Otro caso muy diferente y completamente disparatado es el de Catalina la Grande, fue emperatriz reinante de Rusia durante 34 años en el siglo XVIII. **Catalina la Grande** tenía al Sol en Tauro, formando noviles con Venus y la Luna, ambos planetas con dignidad en el signo de Tauro. Este es el caso más difícil que he hallado para encontrar los rasgos de compasión y generosidad en una persona conocida.

Ella era generosa con sus numerosísimos amantes, a quienes colmaba de bienes y solía reconocer con cargos importantes y propiedades.

La generosidad de Catalina tomó una vertiente sexual, nunca

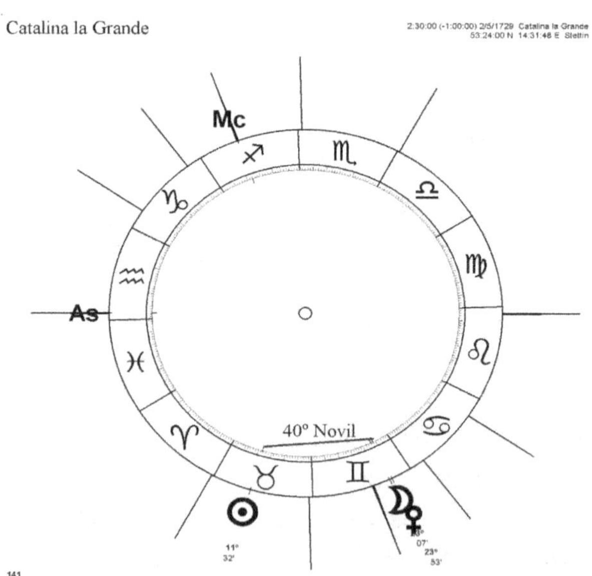

Catalina la Grande

141

fue una santa, sino todo lo contrario, y es que la influencia astrológica no tiene consideraciones morales.

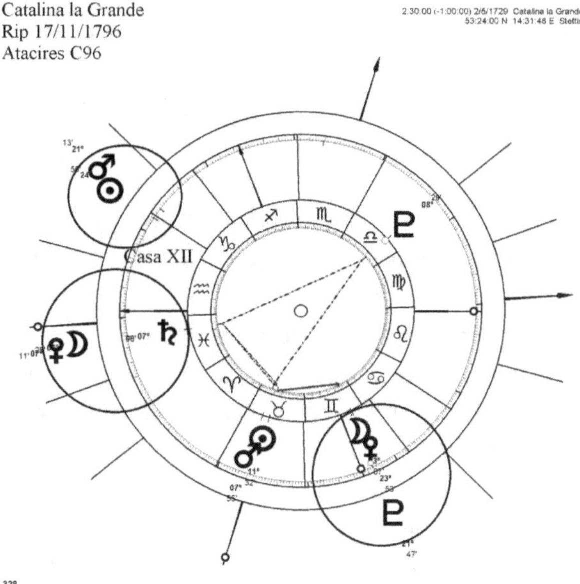

En la carta del cielo de Catalina la Grande, además de los noviles con el Sol, se destaca un figura de aspectos de Dedo de Dios, entre los tres planetas "maléficos"; Marte, Saturno y Plutón, siendo este último el "planeta focal" de la figura, ubicado en la Casa VII, donde se escenifican los asuntos de pareja sentimental.

El día de su fallecimiento, al calcular los atacires del ciclo de 96 años, el reloj de las muertes personales, el atacir de Plutón estaba sobre la conjunción de Luna y Venus.

El atacir del Sol y Marte, estaban en la Casa XII, donde ocurren todas las cosas que conviene mantener en secreto, en esta ocasión Marte en XII fue un acto sexual desmesurado, y por último el atacir de Venus y la Luna llegaban a Saturno en la Casa I, el cuerpo de la señora que se "saturó" de Saturno.

Cuenta la leyenda que falleció mientras era penetrada por un caballo.
—Si el agua suena es porque el río corre.

Venus conectado con la Luna

Las personas que tienen a la Luna junto a Venus suelen ser compasivas y generosas, salvo que existan otras configuraciones más potentes que lo anulen.

Las personas que tienen esta conjunción de la Luna con Venus, tienden al trato dulce y desde las más antiguas tradiciones, se decía que era el signo de la bruja blanca, o dicho de otra manera, del hada madrina.

Quienes tienen a la Luna y Venus en sextil tienden al comportamiento compasivo, amable y acogedor. Su manera de sentir siempre estará apoyada por la lástima y el perdón.

Cuando la Luna forma trígono con Venus suelen aparecer personas cariñosas, compasivas, dotes naturales que hacen de ellos; seres muy queridas o populares. En casi todos los casos se trata de personas compasivas y generosas.

Rihanna es una cantante, actriz, diseñadora y empresaria barbadense que ha vendido más de 250 millones de copias de sus discos.

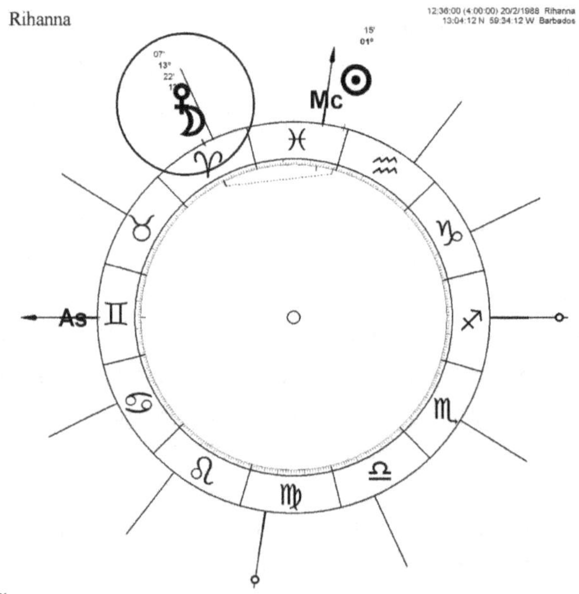

Rihanna ha ayudado a hacer que el agua potable sea más accesible para los niños y niñas de todo el mundo a través de su papel como embajadora de UNICEF.

La cantante, que fundó el Programa de Becas Globales de la Fundación Clara Lionel, apoya a estudiantes de países del Caribe que buscan cursar la educación superior en Estados Unidos, recibió el Premio Humanitario del Año 2017 de la Universidad de Harvard por sus esfuerzos.

Brad Pitt es un actor, modelo y productor de cine estadounidense. Además, por su trabajo interpretativo, ha sido nominado cuatro veces a los premios Oscar como productor. El actor llegó a un acuerdo con su vecino tras haberle comprado su propiedad y pese a ello lo dejó vivir allí hasta su muerte. El protagonista de *Troya* y otros maginíficos filmes ya ha sido reconocido por otros gestos humanitarios y su gran generosidad.

La generosidad de Brad Pitt no tiene límites. El actor ha sido reconocido en reiteradas ocasiones por involucrarse en causas benéficas e incluso por haber creado su propia fundación llamada 'Make it right' una de las principales que colaboraron con las víctimas del huracán Katrina durante el 2005.

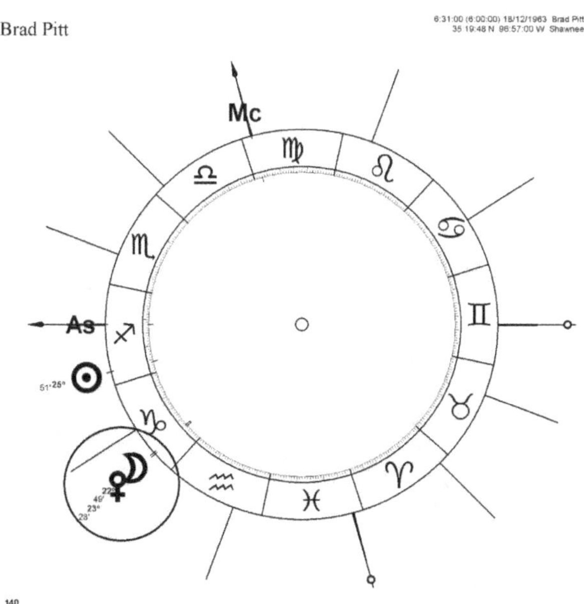

Iván el terrible fue un gran príncipe de Moscú y de toda Rusia (desde 1533), primer monarca ruso en adoptar el título de Zar (desde 1547). Es considerado como uno de los creadores del Estado ruso.

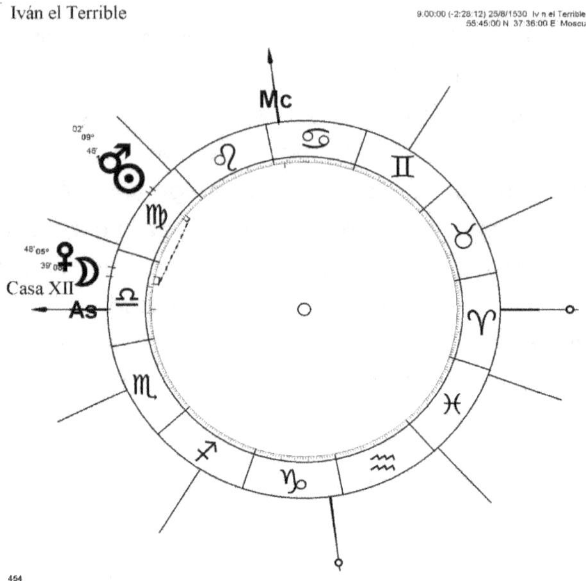

Astromedicina
SALUD MENTAL Y EMOCIONAL

Tito Maciá

Se terminó de imprimir en noviembre de 2024,
en Grafisma editores S.A. de C.V.
Jaime Nunó 670 colonia Santa Teresita
Guadalajara, Jalisco. C. P. 44600
grafismaeditores@gmail.com
La presente edición consta de 500 ejemplares.

Universidad Internacional
Latinoamericana de Astrología